EN İYİ İTALYAN TATLI YEMEK KİTABI

100 İtalyan Tatlı Tarifinden oluşan Nihai Koleksiyonda kendinizi şımartın

Betül Utku

Telif hakkı Materyal ©2023

Her hakkı saklıdır

Bu kitabın hiçbir bölümü, bir incelemede kullanılan kısa alıntılar dışında, yayıncının ve telif hakkı sahibinin uygun yazılı izni olmaksızın hiçbir biçimde veya yöntemle kullanılamaz veya aktarılamaz. Bu kitap, tıbbi, yasal veya diğer profesyonel tavsiyelerin yerine geçemez.

İÇİNDEKİLER

İÇİNDEKİLER 3
GİRİİŞ 7
   1. Çikolatalı Panna Cotta 8
   2. Panna Cotta 10
   3. Salamlı Peynirli Galette 12
   4. Tiramisu 14
   5. Kremalı Ricotta Turtası 16
   6. İtalyan enginarlı turta 18
   7. Anisette Kurabiyeleri 20
   8. Karamelli Tart 22
   9. Şekerli Kurabiye Kupa Kek 24
   10. Baileys soslu babka 26
   11. Karamel Baileys fondü 29
   12. Baharatlı İtalyan kuru erik-erik keki 31
   13. Katalan Kreması 34
   14. Badem şerbeti 36
   15. Mascarpone peyniri Tiramisu 38
   16. Vegan Tiramisu 40
   17. Kelebek Bezelyeli Panna Cotta 42
   18. Hibiscus Berry Soslu Vanilyalı Hindistan Cevizli Panna Cotta 44
   19. Yaban Mersini ve Leylak Şurubu Panna Cotta 47
   20. Ballı Papatya Panna Cotta 51
   21. Gül yoğurdu panna cotta 53
   22. Gulab Panna Cotta 55
   23. Zencefilli Gül panna-cotta 57
   24. Mini Tiramisu Önemsiz Şeyleri 59

25. Tiramisu Dondurması 62
26. Tiramisu Tartları 65
27. Beyaz Çikolatalı Tiramisu Puding Kapları 68
28. Limonlu Tiramisu 70
29. Kabak Baharatlı Tiramisu Turtası 73
30. Tiramisu Whoopie Pies 75
31. Amaretto Cannoli 78
32. Cannoli alla siciliana 80
33. Cannoli kremalı pizza 83
34. Cannoli turtası 85
35. Çocuklar için Cannoli 87
36. Cannoli kabukları ve içi 89
37. Tiramisu Cheesecake 91
38. Mangomisu 94
39. Matcha Tiramisu 97
40. Çikolatalı ve karamelli mus tiramisu 100
41. Tiramisu kremalı tencere 103
42. Tiramisu Kapkekleri 106
43. Mini Tiramisu Bardakları 109
44. Tiramisu Kremalı Puflar 111
45. Portakallı Panna Cotta ve Portakallı Jöle 114
46. Karamelize fıstıklı çilekli panna cotta 117
47. Çilek ve kivi panna cotta 119
48. Narenciye Soslu Ayran Panna Cotta 121
49. Erik panna cotta 123
50. Eğrilmiş Şeker süslemeli Mango Panna Cotta 125
51. Ananas sırlı hindistancevizi panna cotta 128
52. Üç Renkli Panna Cotta Lokumu 130
53. Mango Lassi Panna Cotta 133

54. Hindistan Cevizi Sütü ve Portakallı Panna Cotta 135
55. Nar panna cotta 137
56. Yeşil ve Beyaz Panna Cotta 139
57. Hurma Püreli Yunan Yoğurt Panna Cotta 141
58. Trabzon hurması panna cotta 143
59. Muhallebi ve Karpuz Panna cotta 145
60. Panna Cotta ile Jöle Armut Kompostosu 147
61. Karamel soslu panna cotta 150
62. Çikolatalı Panna Cotta 152
63. Karamelli muhallebi 154
64. Fırınlanmış İtalyan Şeftalileri 156
65. Ballı puding 158
66. Dondurulmuş Bal Semifreddo 160
67. Zabaglione 162
68. Afogato 164
69. Yulaf ezmeli tarçınlı dondurma 166
70. Çift Çikolatalı Gelato 168
71. Vişne-Çilekli Gelato 170
72. Jambonlu tereyağlı kruvasan tabakası 172
73. Balzamik şeftali ve brie tart 174
74. Soğan ve prosciutto tart 176
75. Prosciutto zeytin domatesli ekmek 178
76. Prosciutto-turuncu popovers 180
77. Şekerlenmiş Prosciutto 182
78. Mozzarella ve jambonlu patates keki 184
79. Prosciutto ile Yeşil Bezelye Panna Cotta 186
80. Chia Tohumlu Limonlu Gelato 189
81. Çikolatalı ve vişneli dondurmalı pasta 191
82. Çikolata bombası 194

83. Fırında Ananas Alaska 196

84. Çikolataya batırılmış dondurma 198

85. Kapuçino frappe 200

86. Baharatlı kırmızı şarapta haşlanmış incir ve gelato 202

87. Pina colada beze dondurmalı kek 204

88. Çilekli Beze Gelato Kek 206

89. Toblerone Gelato 209

90. Çikolatalı Nutella Gelato 211

91. Vişneli Gelato 213

92. Böğürtlenli Gelato 215

93. Ahududu Gelato 217

94. Yabanmersinli Gelato 219

95. Mangolu Gelato 221

96. Fıstık Ezmesi Gelato 223

97. Fındıklı Gelato 225

98. Karışık Berry Gelato 227

99. Hindistan Cevizli Gelato 229

100. Kabak Gelato 231

ÇÖZÜM **233**

GİRİİŞ

İtalyan mutfağının hayranıysanız, İtalyan tatlılarının mutlaka denenmesi gerektiğini bilirsiniz. Klasik tiramisudan kremalı panna cotta ve canlandırıcı granitaya kadar İtalyan tatlıları, hoşgörülü tatları ve dokularıyla bilinir. Tatlı repertuarınızı genişletmek istiyorsanız, En iyi italyan tatli yemek kitabiyemek kitabı tam size göre.

100'den fazla tarif içeren bu yemek kitabı, kendi mutfağınızın rahatlığında otantik İtalyan tatlıları yaratmanız için kapsamlı bir rehberdir. Her tarife güzel, tam renkli bir fotoğraf eşlik eder, böylece bitmiş yemeğinizin tam olarak nasıl görünmesi gerektiğini görebilirsiniz.

Ancak bu yemek kitabı sadece bir tarif koleksiyonu değil, İtalyan tatlı yapımının zengin tarihi ve gelenekleri arasında bir yolculuk. Cannoli ve zabaglione gibi klasik tatlıların kökenlerini öğrenecek ve eski favorilere yeni dokunuşlar keşfedeceksiniz.

İster acemi olun ister deneyimli bir ev aşçısı olun, bu yemek kitabında herkes için bir şeyler var. Net talimatlar ve yardımcı ipuçları ile arkadaşlarınızı ve ailenizi büyüleyecek lezzetli ve etkileyici tatlılar yapabileceksiniz. Öyleyse neden bekleyelim? En iyi italyan tatli yemek kitabiyemek kitabının kopyasını bugün alın ve İtalya'nın tatlı tatlarının tadını çıkarmaya başlayın!

.

1. Çikolatalı Panna Cotta

Yapar: 5 porsiyon

İÇİNDEKİLER:
- 500 ml yoğun krema
- 10 gr jelatin
- 70 gr siyah çikolata
- 2 yemek kaşığı yoğurt
- 3 yemek kaşığı şeker
- bir tutam tuz

TALİMATLAR:
a) Az miktarda kremada jelatini ıslatın.
b) Küçük bir sos tenceresine kalan kremayı dökün. Şeker ve yoğurdu ara sıra karıştırarak kaynatın ama kaynatmayın. Tavayı ocaktan alın.
c) Çikolata ve jelatini tamamen eriyene kadar karıştırın.
d) Kalıpları hamurla doldurun ve 2-3 saat soğutun.
e) Panna cotta'yı kalıptan çıkarmak için tatlıyı çıkarmadan önce birkaç saniye sıcak su altında çalıştırın.

2. panna cotta

Yapar: 6

İÇİNDEKİLER:
- ⅓ su bardağı süt
- 1 paket aromasız jelatin
- 2 ½ bardak ağır krema
- ¼ su bardağı şeker
- ¾ su bardağı dilimlenmiş çilek
- 3 yemek kaşığı esmer şeker
- 3 yemek kaşığı brendi

TALİMATLAR:
a) Süt ve jelatini jelatin tamamen eriyene kadar karıştırın. Denklemden çıkarın.
b) Küçük bir tencerede, ağır krema ve şekeri kaynatın.
c) Jelatin karışımını ağır kremaya ekleyin ve 1 dakika çırpın.
d) Karışımı 5 ramekine bölün.
e) Plastik sargıyı ramekinlerin üzerine yerleştirin. Bundan sonra, 6 saat soğutun.
f) Bir karıştırma kabında çilekleri, esmer şekeri ve brendiyi birleştirin; en az 1 saat soğutun.
g) Çilekleri panna cottanın üzerine yerleştirin.

3. Salamlı Peynirli Galette

Yapar: 5 porsiyon

İÇİNDEKİLER:
- 130 gr tereyağı
- 300 gr un
- 1 çay kaşığı tuz
- 1 yumurta
- 80 ml süt
- ½ çay kaşığı sirke
- Dolgu:
- 1 domates
- 1 tatlı biber
- kabak
- salam
- mozarella
- 1 yemek kaşığı zeytinyağı
- otlar (kekik, fesleğen, ıspanak gibi)

TALİMATLAR:
a) Tereyağını küp küp doğrayın.
b) Bir kasede veya tavada yağ, un ve tuzu birleştirin ve bir bıçakla doğrayın.
c) Bir yumurta, biraz sirke ve biraz süt ekleyin.
d) Hamuru yoğurmaya başlayın. Bir top haline getirip streç filmle sardıktan sonra yarım saat buzdolabında bekletin.
Tüm dolguyu kesiniçindekiler.
e) Pişirme kağıdı üzerine (Mozzarella hariç) açılmış geniş bir hamur çemberinin ortasına dolguyu yerleştirin.
f) Zeytinyağı gezdirin ve tuz ve karabiberle tatlandırın.
g) Ardından, hamurun kenarlarını dikkatlice kaldırın, üst üste gelen bölümlerin etrafına sarın ve hafifçe bastırın.
h) Fırını 200°C'ye ısıtın ve 35 dakika pişirin. Mozzarella peynirini pişme süresinin bitmesine on dakika kala ekleyin ve pişirmeye devam edin.
i) Hemen servis yapın!

4. Tiramisu

Yapar: 6

İÇİNDEKİLER:
- 4 yumurta sarısı
- ¼ su bardağı beyaz şeker
- 1 yemek kaşığı vanilya özü
- ½ su bardağı krem şanti
- 2 su bardağı mascarpone peyniri
- 30 bayan parmak
- 1 ½ su bardağı buzdolabında bekletilmiş buz gibi demlenmiş kahve
- ¾ bardak Frangelico likörü
- 2 yemek kaşığı şekersiz kakao tozu

TALİMATLAR:
a) Bir karıştırma kabında yumurta sarılarını, şekeri ve vanilya özünü krema kıvamına gelene kadar çırpın.
b) Ardından krem şantiyi sertleşene kadar çırpın.
c) Mascarpone peynirini ve çırpılmış kremayı birleştirin.
d) Küçük bir karıştırma kabında mascarpone'u yumurta sarılarına hafifçe katlayın ve kenarda bırakın.
e) Likörü soğuk kahve ile birleştirin.
f) Hanım parmaklarını hemen kahve karışımına batırın. Bayan parmaklar çok ıslanırsa veya nemlenirse, ıslanırlar.
g) Bayan parmakların yarısını 9x13 inçlik bir pişirme kabının altına yerleştirin.
h) Doldurma karışımının yarısını üstüne yerleştirin.
i) Kalan bayan parmakları üstüne yerleştirin.
j) Çanak üzerine bir kapak yerleştirin. Ardından 1 saat dinlendirin.
k) Kakao tozu ile toz.

5. Kremalı Ricotta Pastası

Yapar: 6

İÇİNDEKİLER:
- 1 mağazadan satın alınan pasta kabuğu
- 1 ½ pound ricotta peyniri
- ½ su bardağı mascarpone peyniri
- 4 çırpılmış yumurta
- ½ su bardağı beyaz şeker
- 1 yemek kaşığı brendi

TALİMATLAR:
a) Fırını 350 derece Fahrenheit'e ısıtın.
Tüm dolgu malzemelerini bir karıştırma kabında birleştirin.
Daha sonra karışımı yufkanın içine dökün.
b) Fırını 350 ° F'ye ısıtın ve 45 dakika pişirin.
c) Pastayı servis etmeden önce en az 1 saat buzdolabında bekletin.

6. İtalyan enginarlı turta

Yapar: 8 Porsiyon

İÇİNDEKİLER:
- 3 yumurta; Dövülmüş
- 1 3 Oz Frenk Soğanlı Paket Krem Peynir; yumuşatılmış
- ¾ çay kaşığı Sarımsak Tozu
- ¼ çay kaşığı Biber
- 1½ su bardağı Mozzarella Peyniri, Kısmen Yağsız Süt; rendelenmiş
- 1 su bardağı Ricotta Peyniri
- ½ su bardağı Mayonez
- 1 14 Oz Can Enginar Kalbi; Süzülmüş
- ½ 15 Oz Can Nohut Konservesi; Durulanmış ve Süzülmüş
- 1 2 ¼ Oz Can Dilimlenmiş Zeytin; Süzülmüş
- 1 2 Oz Kavanoz Pimientos; Doğranmış ve Süzülmüş
- 2 yemek kaşığı Maydanoz; kırpılmış
- 1 Turta Kabuğu (9 İnç); Pişmemiş
- 2 küçük Domates; Dilimlenmiş

TALİMATLAR:
a) Yumurtaları, krem peyniri, sarımsak tozunu ve karabiberi geniş bir karıştırma kabında birleştirin. 1 su bardağı mozzarella peyniri, ricotta peyniri ve mayonezi bir karıştırma kabında birleştirin.
b) Her şey iyice karışana kadar karıştırın.
c) 2 enginarı ikiye bölün ve bir kenara koyun. Kalplerin geri kalanını doğrayın.
d) Peynir karışımını doğranmış kalpler, nohut, zeytin, yenibahar ve maydanozla karıştırın. Hamur kabuğunu karışımla doldurun.
e) 350 derecede 30 dakika pişirin. Kalan mozzarella peyniri ve Parmesan peyniri en üste serpilmelidir.
f) 15 dakika daha veya ayarlanana kadar pişirin.
g) 10 dakika dinlenmeye bırakın.
h) En üste domates dilimlerini ve dörde bölünmüş enginar kalplerini dizin.
i) Sert

7. Anisette Kurabiyeleri

Yapar: 36

İÇİNDEKİLER:
- 1 su bardağı şeker
- 1 su bardağı tereyağı
- 3 su bardağı un
- ½ su bardağı süt
- 2 çırpılmış yumurta
- 1 yemek kaşığı kabartma tozu
- 1 yemek kaşığı badem özü
- 2 çay kaşığı anason likörü
- 1 su bardağı pudra şekeri

TALİMATLAR:
a) Fırını 375 derece Fahrenheit'e ısıtın.
b) Şeker ve tereyağını hafif ve kabarık olana kadar çırpın.
c) Un, süt, yumurta, kabartma tozu ve badem özünü yavaş yavaş ekleyin.
d) Hamur yapışkan hale gelene kadar yoğurun.
e) 1 inç uzunluğundaki hamur parçalarından küçük toplar oluşturun.
f) Fırını 350 ° F'ye ısıtın ve bir fırın tepsisini yağlayın. Topları fırın tepsisine yerleştirin.
g) Fırını 350°F'ye ısıtın ve kurabiyeleri 8 dakika pişirin.
h) Anason likörü, pudra şekeri ve 2 yemek kaşığı sıcak suyu bir karıştırma kabında karıştırın.
i) Son olarak kurabiyeleri henüz sıcakken kremaya batırın.

8. Caramelli turta

Yapar: 4

İÇİNDEKİLER:
- 1 yemek kaşığı vanilya özü
- 4 yumurta
- 2 kutu süt (1 buharlaştırılmış ve 1 tatlandırılmış yoğunlaştırılmış)
- 2 su bardağı krem şanti
- 8 yemek kaşığı şeker

TALİMATLAR:
a) Fırını 350 derece Fahrenheit'e önceden ısıtın.
b) Yapışmaz bir tavada, şekeri orta ateşte altın rengi olana kadar eritin.
c) Sıvılaştırılmış şekeri henüz sıcakken bir fırın tepsisine dökün.
d) Bir karıştırma kabında yumurtaları kırın ve çırpın. Yoğunlaştırılmış süt, vanilya özü, krema ve tatlandırılmış sütü bir karıştırma kabında birleştirin. Kapsamlı bir karışım yapın.
e) Hamuru eritilmiş şeker kaplı fırın tepsisine dökün. Tavayı 1 inç kaynar su ile daha büyük bir tencereye yerleştirin.
f) 60 dakika pişirin.

9. Şeker Kurabiye Kupa Kek

İÇİNDEKİLER:

- 2 yemek kaşığı yumurta ikamesi
- 2 yemek kaşığı tereyağı, yumuşatılmış
- ⅓ su bardağı un
- 3 yemek kaşığı şeker
- 1 çay kaşığı vanilya
- 3 yemek kaşığı Baileys
- 2 yemek kaşığı gökkuşağı sprinkles
- 1 su bardağı pudra şekeri
- 2-3 damla pembe veya kırmızı gıda boyası

TALİMATLAR:

a) Bir kapta, yumurta muadili, tereyağı, un, şeker, vanilya, 2 yemek kaşığı Baileys ve 1 yemek kaşığı gökkuşağı serpintisini karıştırın.

b) Fazladan bir bardağa koyun.

c) 60 saniye mikrodalgaya koyun, kenarlarda kabarcıklar oluşan hamurları silin, ardından 30 saniye daha mikrodalgaya dönün.

d) Pastayı çıkarın ve buzdolabına koyun.

e) Soğurken pudra şekeri, 1 yemek kaşığı Baileys ve gıda boyasını karıştırın.

f) Hafif ılıyan kekin üzerine gezdirin.

10. Baileys soslu Babka

Yapar: 1 Porsiyon

İÇİNDEKİLER:
- ¼ su bardağı Süt
- 1 paket kuru maya
- ¼ su bardağı ılık su
- ¼ su bardağı Şeker
- ¼ su bardağı Margarin, yumuşatılmış
- 3 yumurta
- 2⅓ su bardağı Un, elenmiş
- ¼ fincan Şekerlenmiş meyve, karışık
- ¼ bardak koyu kuru üzüm

BAILEY SOS:
- ⅓ su bardağı Su
- ½ bardak) şeker
- 2 yemek kaşığı Baileys

TALİMATLAR:

a) Sütü küçük bir tencerede sıcak olana kadar ısıtın ve ılık olana kadar soğutun.
b) Mayayı büyük bir kapta suyun üzerine serpin ve çözünmesi için karıştırın.
c) Sütü, ¼ su bardağı şekeri, yumuşatılmış margarini, yumurtaları ve unu ekleyin.
d) Pürüzsüz ve karışana kadar elektrikli karışımla düşük hızda çırpın.
e) Bağırsakları bir havluyla örtün ve karışımın yaklaşık bir saat kabarcıklı olana kadar ılık bir yerde yükselmesine izin verin.
f) Kalıbı yağlayın ve unlayın. Şekerlenmiş meyve ve kuru üzümleri hamura karıştırın.
g) Hazırlanan kalıba çevirin. Örtün ve hamurun yaklaşık 1 saat kadar tavanın neredeyse üstüne yükselmesine izin verin.
h) Önceden ısıtılmış 350 fırında yaklaşık 30 ila 40 dakika pişirin veya test edildi ve altın rengi.

BAILEY SOS:

i) Suyu kaynatın ve eritmek için şekeri karıştırın.
j) Ateşten alın ve Baileys ekleyin.
k) Keki fırından çıkarır çıkarmaz her yerine çatal ve kaşıkla Baileys sosu gezdirin.
l) Pastayı tavada bırakın ve 1 saat rafta soğumaya bırakın.
m) Pastayı dikkatlice çıkarın ve sıcak servis yapın.

11. Karamelli Baileys fondü

Yapar: 12 porsiyon

İÇİNDEKİLER:
- 7 ons Karamel
- ¼ bardak Minyatür marshmallow
- ⅓ su bardağı krem şanti
- 2 çay kaşığı Baileys

TALİMATLAR:
a) Karamelleri ve kremayı güveçte birleştirin.
b) Örtün ve eriyene kadar 30 ila 60 dakika ısıtın.
c) Marshmallow ve Baileys'i karıştırın.
d) Örtün ve 30 dakika pişirmeye devam edin.
e) Elma dilimleri veya sade kek ile servis yapın.

12. Baharatlı İtalyan kuru erik-erik keki

Yapar: 12 porsiyon

İÇİNDEKİLER:
- 2 su bardağı Çekirdeksiz ve dörde bölünmüş İtalyan
- erik erik, kadar pişmiş
- Yumuşak ve soğutulmuş
- 1 su bardağı tuzsuz tereyağı, yumuşatılmış
- 1¾ bardak Toz şeker
- 4 yumurta
- 3 su bardağı Elenmiş un
- ¼ bardak Tuzsuz tereyağı
- Yarım kilo pudra şekeri
- 1½ yemek kaşığı şekersiz kakao
- tutam tuz
- 1 çay kaşığı Tarçın
- ½ çay kaşığı Öğütülmüş karanfil
- ½ çay kaşığı Öğütülmüş hindistan cevizi
- 2 çay kaşığı Kabartma tozu
- ½ su bardağı Süt
- 1 su bardağı ceviz, ince kıyılmış
- 2 ila 3 yemek kaşığı güçlü, sıcak
- Kahve
- ¾ çay kaşığı vanilya

TALİMATLAR:

a) Fırını 350 ° F'ye ısıtın. 10 inçlik bir Bundt tavasını yağlayın ve unlayın.

b) Büyük bir karıştırma kabında, tereyağı ve şekeri hafif ve kabarık olana kadar krema haline getirin.

c) Yumurtaları teker teker kırın.
Unu, baharatları ve kabartma tozunu bir elekte birleştirin. Üçte bir, un karışımını sütle dönüşümlü olarak tereyağı karışımına ekleyin. Sadece malzemeleri birleştirmek için çırpın.

d) Pişmiş kuru erik-eriği ve cevizi ekleyin ve birleştirmek için karıştırın. Hazırlanan tavaya çevirin ve 350°F fırında 1 saat veya kek tava kenarlarından büzülmeye başlayana kadar pişirin.

e) Buzlanmayı yapmak için, tereyağı ve şekerlemelerin şekerini birlikte krema haline getirin. Yavaş yavaş şeker ve kakao tozunu ekleyin, tamamen birleşene kadar sürekli karıştırın. Tuzlu sezon.

f) Her seferinde az miktarda kahve ilave edin.

g) Hafif ve kabarık olana kadar çırpın, ardından vanilyayı ekleyin ve pastayı süsleyin.

13. Katalan Kreması

Yapar: 3

İÇİNDEKİLER:
- 4 yumurta sarısı
- 1 tarçın (çubuk)
- 1 limon (kabuğu)
- 2 yemek kaşığı mısır nişastası
- 1 su bardağı şeker
- 2 bardak süt
- 3 bardak Taze Meyve (çilek veya incir)

TALİMATLAR:
a) Bir tavada yumurta sarılarını ve şekerin büyük bir kısmını çırpın. Karışım köpüklü ve pürüzsüz olana kadar karıştırın.
b) Tarçın çubuğunu limon kabuğu rendesi ile ekleyin. Kapsamlı bir karışım yapın.
c) Mısır nişastası ve sütü karıştırın. Kısık ateşte, karışım koyulaşana kadar karıştırın.
d) Tencereyi ocaktan alın. Birkaç dakika soğumaya bırakın.
e) Karışımı ramekinlere koyun ve bir kenara koyun.
f) En az 3 saat buzdolabında dinlendirin.
g) Servis yapacağınız zaman kalan şekeri ramekinlerin üzerine gezdirin.
h) Kapları kazanın alt rafına yerleştirin. Şekerin altın sarısı bir renk alana kadar erimesine izin verin.
i) Garnitür olarak meyvelerle servis yapın.

14. badem şerbeti

Yapar: 1 porsiyon

İÇİNDEKİLER:
- 1 su bardağı Beyazlatılmış badem; tost
- 2 su bardağı Kaynak suyu
- ¾ su bardağı Şeker
- 1 tutam Tarçın
- 6 yemek kaşığı Hafif mısır şurubu
- 2 yemek kaşığı Amaretto
- 1 çay kaşığı Limon kabuğu rendesi

TALİMATLAR:
a) Bir mutfak robotunda bademleri toz haline getirin. Büyük bir tencerede su, şeker, mısır şurubu, likör, lezzet ve tarçını birleştirin, ardından yer fıstığını ekleyin.

b) Orta ateşte, şeker eriyene ve karışım kaynayana kadar sürekli karıştırın. 2 dakika kaynatın

c) Soğuması için bir kenara koyun Bir dondurma makinesi kullanarak karışımı yarı donana kadar çalkalayın.

d) Dondurma makineniz yoksa karışımı paslanmaz çelik bir kaba aktarın ve 2 saatte bir karıştırarak sertleşene kadar dondurun.

15. Mascarpone peyniri Tiramisu

Yapar: 6

İÇİNDEKİLER:
- 4 yumurta sarısı
- ¼ su bardağı beyaz şeker
- 1 yemek kaşığı vanilya özü
- ½ su bardağı krem şanti
- 2 su bardağı mascarpone peyniri
- 30 bayan parmak
- 1½ su bardağı buzdolabında bekletilmiş buz gibi demlenmiş kahve
- ¾ bardak Frangelico likörü
- 2 yemek kaşığı şekersiz kakao tozu

TALİMATLAR:
a) Bir karıştırma kabında yumurta sarılarını, şekeri ve vanilya özünü krema kıvamına gelene kadar çırpın.
b) Ardından krem şantiyi sertleşene kadar çırpın.
c) Mascarpone peynirini ve çırpılmış kremayı birleştirin.
d) Küçük bir karıştırma kabında mascarpone'u yumurta sarılarına hafifçe katlayın ve kenarda bırakın.
e) Likörü soğuk kahve ile birleştirin.
f) Kedi dillerini hemen kahve karışımına batırın. Hanım parmakları çok ıslanırsa ıslanır.
g) Kedi parmaklarının yarısını 9x13 inçlik bir pişirme kabının altına yerleştirin.
h) Doldurma karışımının yarısını üstüne yerleştirin.
i) Kalan kedi dillerini üstüne yerleştirin.
j) Çanak üzerine bir kapak yerleştirin. Ardından 1 saat dinlendirin.
k) Kakao tozu ile toz.

16. Vegan Tiramisu

Yapar: 6 porsiyon

İÇİNDEKİLER:
- 1 su bardağı sert tofu, süzülmüş ve kuru preslenmiş
- 8 onsluk vegan krem peynir kabı
- 1/2 su bardağı vegan vanilyalı dondurma, yumuşatılmış
- 1 çay kaşığı saf vanilya özü
- 1/3 su bardağı artı 1 yemek kaşığı ince şeker
- 1/2 fincan kahve, oda sıcaklığına soğutulmuş
- 2 yemek kaşığı kahve likörü
- 1/2 inç kalınlığında dilimler halinde kesilmiş 1 vegan pound kek
- 1 yemek kaşığı şekersiz kakao tozu

TALİMATLAR:
a) Bir mutfak robotunda tofu, krem peynir, dondurma, vanilya ve 1/3 bardak şekeri birleştirin. Pürüzsüz ve iyi karışana kadar işleyin.
b) Küçük bir kapta kahveyi, kalan 1 yemek kaşığı şekeri ve kahve likörünü birleştirin.
c) 8 inçlik kare bir fırın tepsisine tek kat kek dilimleri yerleştirin ve kahve karışımının yarısını fırçayla sürün. Kakaonun yarısını serpin. Tofu karışımının yarısını kekin üzerine yayın. Tofu karışımının üzerine bir kat daha kek dilimleri yerleştirin. Kalan kahve karışımını fırçayla sürün ve kalan tofu karışımını eşit şekilde yayın. Kalan kakaoyu serpin. Servis yapmadan 1 saat önce soğutun.

17. Kelebek Bezelye Demlenmiş Panna Cotta

Yapar: 4 Porsiyon

İÇİNDEKİLER:
- 1/2 su bardağı tam yağlı süt
- 2 bardak ağır krema
- 1/4 su bardağı toz şeker
- 3 yaprak jelatin
- 2 yemek kaşığı kurutulmuş kelebek bezelye çiçeği
- 1/2 çay kaşığı vanilya özü

TALİMATLAR
a) Panna cotta'yı kalıptan tabaklara çıkarmayı planlıyorsanız, bardakların içini bitkisel yağla hafifçe yağlayın ve yağın çoğunu silmek için bir kağıt havlu kullanarak yalnızca hafif bir kalıntı bırakın. Aksi takdirde, onları kaplanmamış bırakabilirsiniz.
b) Jelatin tabakayı yumuşayana kadar soğuk suda ıslatın. Kenara koyun.
c) Orta boy bir tencerede, kaynayana kadar süt, ağır krema ve şekeri ısıtın, ancak kaynatmayın.
d) Ateşten alın.
e) Fazla suyu çıkarmak için jelatini sıkın ve jelatin eriyene kadar sürekli karıştırarak tavaya ekleyin.
f) Vanilya özü ve kurutulmuş kelebek bezelye çiçekleri ekleyin. Karışımın 15 dakika veya karışım mavi olana kadar demlenmesine izin verin.
g) Karışımı ince bir süzgeçten geçirin ve hazırlanan kalıplara eşit şekilde dökün. En az 4 saat veya gece boyunca ayarlanana kadar soğutun.
h) Kalıptan çıkarmak için, panna cotta'yı gevşetmek için kalıbın altını 5 saniye sıcak su dolu bir tencereye batırın. Kenarlarından bir bıçak geçirin ve ardından dikkatlice servis tabağına ters çevirin.
i) En iyi soğuk servis edilir.

18. Hibiscus Berry Soslu Vanilyalı Hindistan Cevizli Panna Cotta

Yapar: 2 büyük porsiyon

VANİLYA HİNDİSTAN CEVİZİ PANNA COTTA:
- 1 paket granül jelatin
- 3/4 bardak hindistan cevizi sütü
- 1 su bardağı hindistan cevizi kreması
- 1 su bardağı yoğun krema
- 2 yemek kaşığı pudra şekeri
- 1/2 çay kaşığı vanilya fasulye ezmesi

HIBISCUS BERRY SOS
- 1/2 su bardağı taze veya dondurulmuş karışık meyveler
- 4 adet kuru ebegümeci çiçeği
- 1/4 yemek kaşığı pudra şekeri

TALİMATLAR
VANİLYA HİNDİSTAN CEVİZİ PANNA COTTA:
a) Hindistan cevizi yağı veya bitkisel yağ ile çok hafif yağlayarak dört adet 4 ons veya daha büyük ramekinler, kalıplar veya bardaklar hazırlayın. Panna cottayı kalıba koymazsanız bu adımı atlayabilirsiniz. Kalıp olarak 4 Fransız şarap kadehi kullandım. ama servis için bardağa rahatlıkla bırakabilirsiniz.
b) Küçük bir kapta jelatini 3 yemek kaşığı soğuk suyun üzerine serpin. Karıştırın ve yumuşaması için bekletin.
c) Orta ateşte küçük bir sos tavasında, hindistan cevizi sütü ve kremayı kenarlarında köpürmeye başlayana kadar ısıtın. Isıyı düşürün ve yumuşatılmış jelatini ekleyin, tamamen eriyene kadar karıştırın.
d) Tavayı ocaktan alın ve buzlu suyla büyük bir kase hazırlayın. Hindistan cevizi jelatin karışımını biraz daha küçük bir kaseye süzün ve o kaseyi buzlu suya yerleştirin. Kâseyi kauçuk bir spatula ile nazikçe kazıyın ve karışım soğuyana ve koyulaşmaya başlayana kadar karıştırın. Karışım sertleşmeye başlarsa hemen çıkarın.
e) Büyük haznedeki buzlu suyu boşaltın ve silerek temizleyin. Ağır kremayı kaseye yerleştirin ve pudra şekerini eriyene kadar karıştırın. Tamamen karışana kadar yavaş yavaş hindistancevizi

jelatini ekleyin. Hava kabarcıklarının oluşmasını önlemek için kuvvetlice karıştırmamaya çalışın.

f) Karışımı hazırladığınız ramekinlere, bardaklara veya kalıplara dökün. En az 4 saat veya sertleşene kadar buzdolabına koyun.

g) Panna cotta'nızı kalıptan çıkarmak için, kalıbınızın kenarlarını gevşemeye başlayana kadar ılık su altında çalıştırın. Panna cotta'yı kenardan hafifçe çekmek için parmağınızı kullanın. Ardından servis tabağınıza ters çevirin.

HIBISCUS BERRY SOSU:

h) Orta yüksek ateşte küçük bir sos tavasında 1 su bardağı su ile pudra şekerini karıştırın. Bir kaynamaya getirin ve 1 dakika kaynamaya bırakın. Ateşten alın ve ebegümeci çiçeklerini ekleyin. Bir kenara koyun ve 30 dakika demlenmeye bırakın.

i) Ebegümeci çiçeklerini şuruptan çıkarın ve atın veya garnitür için saklayın. Çilekleri tavaya ekleyin ve tekrar ocağa koyun ve orta ateşte ısıtın.

j) Kısık ateşe alıp hafif koyulaşana kadar pişirin. Dondurulmuş meyveler kullanıyorsanız, çok fazla karıştırmamaya çalışın, meyveleri kırın veya meyvelerin 1/4'ünü sos koyulaşmaya başladıktan sonra eklenecek şekilde ayırın.

k) Sosu soğutun ve servis yapmadan önce en az 2 saat soğutun.

19. <u>Yaban Mersini ve Leylak Şurubu Panna Cotta</u>

Yapar: 2 Panna Cotta

İÇİNDEKİLER:
LİLA ŞURUBU İÇİN
- 1 su bardağı leylak çiçeği
- 240 gr beyaz şeker
- 250 ml su

PANNA COTTA İÇİN
- 3 gram jelatin levha
- 200 ml krema tam yağlı
- 80 gram yaban mersini
- 30 gram leylak şurubu
- 40 gram beyaz şeker

BLUEBERRY COULIS İÇİN
- 100 gram taze yaban mersini
- 30 gram beyaz şeker
- 10 ml limon suyu

BEYAZ ÇİKOLATA GANAJ İÇİN
- 60 gram tam krema
- 100 gram beyaz çikolata

KAPLAMA İÇİN
- Tabak başına 5-8 yaban mersini
- Küçük bir avuç leylak çiçeği

LİLA ŞURUBU İÇİN

a) Tek tek leylak çiçekleri saplarından çıkarın. Sadece mor çiçekleri aldığınızdan emin olun, tüm kahverengi çiçekleri ve yeşil sapları atın. Eflatun çiçekleri yıkayın.

b) Çiçekleri, şekeri ve suyu bir tencereye alın. Orta ateşte, kaynamaya bırakın ve 10 dakika kaynatmaya devam edin. Ateşten alın ve tel süzgeçten geçirin. Çiçeklerden olabildiğince fazla renk ve tat almak için metal bir kaşığın arkasını kullanın.

c) Şurubun oda sıcaklığına soğumasına izin verin, ardından soğutun. Bir hafta önceden yapılabilir.

PANNA COTTA İÇİN

d) Jelatin tabakaları, tabakaları örtecek kadar soğuk suya yerleştirin. Daha önce kullanmadıysanız, jelatin tabakaların erimesinden endişe etmeyin, soğuk suda bir tabaka gibi bir arada dururlar ama disketleşirler.

e) Bir tencereye krema, yaban mersini, leylak şurubu ve şekeri koyun. Orta ateşte neredeyse kaynama noktasına getirin. Baloncuklar çıkmaya başlayınca ocaktan alın ve pürüzsüz olana kadar bir el blenderi ile karıştırın. Orta ateşe dönün ve kaynatın. Ateşten alın.

f) Jelatin tabakaları sudan alın ve fazla suyu silkeleyin. Sıcak kremaya ekleyin ve eriyene ve iyice karışana kadar hafifçe karıştırın.

g) Panna cotta karışımını tel süzgeçten geçirin. Kalıplara dökün ve üzerini açmadan oda sıcaklığına soğutun. Bu en az bir saat sürecektir. Oda sıcaklığına gelince üzerini örtün ve bir gece buzdolabında bekletin. Bir iki gün önceden yapılabilir.

BLUEBERRY COULIS İÇİN

h) Böğürtlenli coulis'i servis gününde yapın. Bir tencereye yaban mersini, şeker ve limon suyunu ekleyin ve pürüzsüz olana kadar bir el blenderi ile karıştırın. Orta ateşte, kaynamaya getirin ve coulis kalınlaşana kadar pişirin. Geleneksel reçel kıvamına benzer ancak kuru değildir.

i) Bir kenara koyun ve oda sıcaklığına soğumaya bırakın.

ganaj için

j) Çikolatayı küçük parçalar veya talaşlar halinde doğrayın ve temiz bir kaseye koyun. Kenara koyun.

k) Küçük bir tencereye kremayı koyun. Orta ateşte, kaynamaya getirin. Gözlerini ondan ayırma. Krem çok çabuk kaynama eğilimindedir. Ateşten alın ve beyaz çikolataya çırpın. Çikolata tamamen eriyene ve pürüzsüz bir ganaj elde edene kadar çırpmaya devam edin. Küçük bir dökme kabına dökün. Konuk başına ayrı kaplar düşüncelidir, ancak ortak bir kapta ise, kalan ganaj için verilen mücadele işleri eğlenceli hale getirebilir.

l) Yemek sırasında zamanlama açısından, ganajı servise mümkün olduğunca yakın yapın. Kremanın olduğu tencereyi buzdolabına kaldırıyorum ve oda sıcaklığındaki rendelenmiş çikolatayı hazneye alıp hazır bekletiyorum. Ana yemek bitince hızlıca ganajı yapıp servis kabına alıyorum. Sonra panna cottayı tabağa alıyorum.

KAPLAMA

m) Mutfak gereçlerinizin, tabaklarınızın ve tüm malzemelerin oda sıcaklığında soğuduğundan emin olun. Panna cotta'nın üzerine veya altına sıcak herhangi bir şey koymak panna cotta'yı eritecektir. Taze leylak çiçekleri ve yaban mersini yıkayın ve kuruması için bir havluya koyun.

n) Panna cotta'yı kalıplardan çıkarmak için keskin bir bıçak alın. Panna cottayı yan tarafında tutarak bıçağın ucunu kalıbın içi ile panna cotta arasına yerleştirin. Panna cotta'yı delmemeye dikkat ederek bıçağı yavaşça itin. Panna cotta'nın ağırlığı onu kalıbın kenarlarından çekmeye başlayacak, bırakın yerçekimi size yardımcı olsun. Soyulmaya başladığında, kalıbı kenarlarından tamamen soyulana kadar aşamalı olarak yuvarlamaya başlayın. Kalıbı yan tarafında tutmaya devam edin.

o) Panna cotta'nın plaka üzerinde olmasını istediğiniz yere, plakayı kalıbın yan tarafına yerleştirin ve plakayı alta gelecek şekilde kalıbı ters çevirin. Tıpkı senin jöle yapacağın gibi. Çıkarmakta zorlanıyorsanız kalıbın altını hızlıca çok sıcak suya daldırın, panna cotta'ya su girmemesine dikkat edin.

p) Küçük bir kaşık kullanarak, her bir panna cotta'nın üzerine biraz sos koyun. Kaşığın arkasını kullanarak, coulis'i dikkatlice panna cotta'nın kenarına yayın.

q) Her tabağı yaban mersini ve çiçeklerle süsleyin. Panna cotta'nın üstüne batmış gibi görünmesi için yaban mersininin alt üçte birini sık sık dilimlerim.

r) Ganajı masaya koymayı unutmayın!

20. Bal Papatya Panna Cotta

Yapar: 4 porsiyon

İÇİNDEKİLER:
- 1/2 su bardağı tam yağlı süt
- 2 bardak ağır krema
- 1/4 su bardağı toz şeker
- 3 yaprak jelatin
- 1/2 çay kaşığı vanilya özü
- 1 su bardağı kurutulmuş papatya çiçeği
- üzeri için bal

TALİMATLAR

a) Panna cotta'yı kalıptan tabaklara çıkarmayı planlıyorsanız, bardakların içini bitkisel yağla hafifçe yağlayın ve yağın çoğunu silmek için bir kağıt havlu kullanarak yalnızca hafif bir kalıntı bırakın. Aksi takdirde, onları kaplanmamış bırakabilirsiniz.

b) Jelatin tabakayı yumuşayana kadar soğuk suda ıslatın. Kenara koyun.

c) Orta boy bir tencerede, kaynayana kadar süt, ağır krema ve şekeri ısıtın.

d) Ateşten alın.

e) Fazla suyu çıkarmak için jelatini sıkın ve jelatin eriyene kadar sürekli karıştırarak tavaya ekleyin.

f) Vanilya özü ve kurutulmuş papatya çiçeği ekleyin. Karışımın 10-15 dakika demlenmesine izin verin.

g) Karışımı ince bir süzgeçten geçirin ve hazırlanan kalıplara eşit şekilde dökün. En az 4 saat veya gece boyunca ayarlanana kadar soğutun.

h) Kalıptan çıkarmak için, panna cotta'yı gevşetmek için kalıbın altını 5 saniye sıcak su dolu bir tencereye batırın. Kenarlarından bir bıçak geçirin ve ardından dikkatlice servis tabağına ters çevirin.

21. Gül yoğurdu panna cotta

Yapar: 2 porsiyon

İÇİNDEKİLER:
- 1/2 su bardağı taze krema
- 1/2 su bardağı yoğurt
- 1 yemek kaşığı şeker
- 3 yemek kaşığı gül şurubu
- 1/4 çay kaşığı gül rengi
- 1,5 çay kaşığı agar agar
- 1 yemek kaşığı su
- Birkaç Damla Gül Özü
- Antep fıstığı

TALİMATLAR:
a) Büyük bir kapta yoğurt, 1 yemek kaşığı krema, Gül şurubu ve Gül esansını karıştırın, iyice birleşene ve pürüzsüz olana kadar çırpın.
b) Küçük bir kapta Agar tozunu birleşene kadar ılık suyla çırpın.
c) Küçük bir tavada veya tencerede, kalan kremayı ve şekeri düşük ila orta ateşte sık sık karıştırarak ısıtın. Şeker eridikten sonra agar tozu karışımını ekleyin ve karışım sıcak olana ve kaynayana ancak kaynamayana kadar karıştırmaya devam edin. Yaklaşık 1-2 dakika sürecektir. Bu karışımı kaynatmamaya özen gösterin.
d) Şimdi bu karışımı yoğurt karışımına dökün ve iyice karışana kadar çırpın. Agar sertleşmeye başlayacağı için bunu daha hızlı yapmanız gerekecek.
e) Bu Panna cotta karışımını yağlanmış veya silikon kaselere paylaştırın ve donana kadar veya en az 4 saat buzdolabında soğutun.
f) Gül Yoğurt Panna Cotta'yı kalıptan çıkarın ve üzerine kıyılmış antep fıstığı ile servis yapın.

22. Gulab Panna Cotta

İÇİNDEKİLER:

- 2 su bardağı taze krema
- 1/4 su bardağı gül şurubu
- 2 1/2 çay kaşığı agar agar jelatin
- 1/4 su bardağı pudra şekeri
- hizmet için gerektiği gibi Falooda
- Süslemek için gerektiği kadar tatlı gül kreması
- Süslemek için küçük jöle küpleri
- 8-10 taze gül yaprağı
- 1/2 su bardağı şeker
- 1/2 çay kaşığı sıvı glikoz

TALİMATLAR:

a) Bir kaseye 1 yemek kaşığı su alın. Jelatini ekleyin ve kabarması için kenara alın. Kremayı yapışmaz bir tavada ısıtın ve kaynatın. Pudra şekerini ekleyin ve iyice karıştırın. Çiçeklenmiş jelatini mikrodalgada 30 saniye ısıtın ve kremaya ekleyin, iyice karıştırın ve jelatin tamamen eriyene kadar pişirin.

b) Karışımı başka bir kapta süzün ve gül şurubu ekleyin ve iyice çırpın. Karışımı bir cam fırın kabına dökün. 2-3 saat veya sertleşene kadar soğutun.

c) Gülü kırılgan hale getirmek için yapışmaz bir tavayı ısıtın, şeker ve biraz su ekleyin ve şekerin erimesini sağlayın, gül yapraklarını kabaca doğrayın. Tavaya sıvı glikoz ekleyin ve iyice karıştırın. Doğranmış gül yapraklarını ekleyin ve karıştırın. Karışımı bir silikonun üzerine dökün mat, yayın ve katılaşana kadar soğutun.

d) Pannacotta'yı orta boy bir çerez kesici kullanarak yuvarlak dilimler halinde kesin ve kalıptan çıkarın.

e) Pannacotta yuvarlaklarını sığ bir servis tabağına yerleştirin ve kırılgan parçaları yanlarına koyun, birazını süslemek için ayırın. Pannacotta'nın bir tarafına biraz falooda koyun, birkaç kırılgan parça ile süsleyin ve üstüne biraz gül şurubu gezdirin. krema, gül jöle, renkli yenilebilir çiçek, taç yapraklar & hemen servis yapın.

23. Zencefilli Gül panna-cotta

Yapar: 4 porsiyon

İÇİNDEKİLER:
- 1 bardak Süt
- 1/2 su bardağı Krema
- 1/4 su bardağı şeker veya damak zevkine göre
- 1/4 bardak Zencefil doğranmış
- 1 çay kaşığı Gül Özü
- Limon kabuğu rendesi
- 10 gr Agar agar

TALİMATLAR:
a) Agar agarı 15-20 dakika suda bekletin.
b) Sütü bir sos tenceresine alın, kremayı, şekeri ekleyin, karıştırın ve kaynamaya bırakın.
c) Zencefil ve limon kabuğu rendesini ekleyin, birkaç dakika kaynatın.
d) Örtün ve kapatın. 20 dakika dinlenmeye bırakın.
e) Şimdi karışımı süzün.
f) Tekrar ocağa alıp kısık ateşte pişirin.
g) Bu sırada agar agarı su ile ıslatıp bir tencereye alın ve agar agar eriyene kadar pişirin. Bunu yukarıdaki karışıma ekleyin.
h) Hepsi iyice karışana kadar pişirin. Kapatın ve gül özü ekleyin. Karışım. Biraz soğu.
i) Herhangi bir kalıbı alın ve panna cotta karışımını yavaşça dökün.
j) Donana kadar buzdolabında saklayın.
k) Kalıptan çıkarın ve herhangi bir sos veya şurup ile servis yapın. Burada çilek sosuyla servis ettim.

24. Mini Tiramisu Tatlıları

Yapar: 6 porsiyon

İÇİNDEKİLER:
MASCARPONE DOLUMU İÇİN
- 20 ons mascarpone peyniri
- 3 yemek kaşığı şeker
- 1 su bardağı ağır çırpılmış krema, soğuk
- ½ su bardağı pudra şekeri
- 1 çay kaşığı vanilya özü

ESPRESSO İLE ISLATILMIŞ LADYFINGERS İÇİN
- ¾ bardak sıcak su
- 3 yemek kaşığı instant espresso tozu
- 3 yemek kaşığı şeker
- 36 yumuşak kedi dili

KAHLUA ŞANTİ İÇİN
- ½ fincan ağır çırpılmış krema
- ¼ fincan pudra şekeri
- 2 yemek kaşığı Kahlua

TALİMATLAR:
a) Mascarpone peyniri ve şekeri birleşene kadar karıştırın. Fazla karıştırmayın yoksa mascarpone peyniri incelebilir. Kenara koyun.
b) Başka bir kapta, ağır çırpılmış krema, pudra şekeri ve vanilya özü ekleyin ve sert zirveler oluşana kadar çırpın.
c) Çırpılmış kremayı mascarpone peyniri karışımına dikkatlice katlayın. Kenara koyun.
d) Başka bir kapta sıcak su, espresso tozu ve şekeri birleştirin.
e) Küçük şeyleri kat kat yapmak için kedi parmaklarını birer birer espresso karışımına batırın ve küçük fincanın dibine yerleştirin. İki ila üç kedi parmağı kullanın ve bardağa sığmaları ve tam bir katman oluşturmaları için gerektiği gibi parçalara ayırın.
f) Ladyfingers'ın üzerine bir kat mascarpone dolgusu sıkın veya kaşıklayın.
g) Başka bir ladyfinger tabakası ve mascarpone dolgusunu tekrarlayın.
h) Ufak tefek işlemleri tamamladıktan sonra krem şantiyi yapın.
i) Ağır çırpılmış krema, pudra şekeri ve Kahlua'yı büyük bir mikser kasesine ekleyin ve sert zirveler oluşana kadar çırpın.
j) Her küçük parçanın üzerine bir girdap çırpılmış krema sıkın, ardından istenirse kakao tozu serpin.
k) Servis yapmaya hazır olana kadar küçük şeyleri soğutun.

25. Tiramisu Dondurma

Yapar: 8

İÇİNDEKİLER:
- 2 ½ su bardağı krema
- 2 su bardağı tam yağlı süt
- 1 vanilya çubuğu, uzunlamasına ikiye bölünmüş ve tohumları çıkarılmış
- 8 büyük yumurta sarısı
- ¾ su bardağı şeker
- ¼ çay kaşığı tuz
- 20 kedi dili, artı servis için daha fazlası
- ¼ fincan sert kahve soğutulmuş
- ¼ fincan amaretto likörü
- ½ su bardağı kaliteli şekerleme sosu

TALİMATLAR:
a) Bir tencerede krema, süt, vanilya çekirdeği kazımalarını ve kapsülü birleştirin ve kaynayana kadar orta ateşte ısıtın.
b) Ateşten alın ve yaklaşık 30 dakika soğumaya bırakın.
c) Sarıları, şekeri ve tuzu büyük bir kapta birleştirin ve karışım üç katına çıkana ve kalın ve kremsi olana kadar çırpın.
d) Mikser hızını orta-düşük seviyeye düşürün ve süt karışımını yavaşça içine dökün.
e) Karışımı tekrar tencereye aktarın ve orta ateşte bir kaşığın arkasını kaplayacak kadar kalınlaşana kadar sürekli karıştırarak pişirin.
f) Karışımı bir elekten buzlu su banyosuna yerleştirilmiş bir kaseye süzün.
g) Karışımı bir elekten geçirerek buzlu su banyosuna yerleştirilmiş bir kaseye dökün.
h) En az bir saat buzdolabında soğutun.
i) Bir dondurma makinesinde dondurun.
j) Karışım donarken kedi dili hazırlayın. Eşit miktarda amaretto ve sert kahveyi birleştirin ve kedi parmaklarını karışıma hızlıca batırın, böylece kedi parmakları baştan sona ıslanır ancak çıtırlıklarını korur.
k) Kaseyi dondurucuya aktarmadan veya yemeden önce şekerleme sosu ve ıslatılmış kedi parmaklarını katlayın.
l) Donana kadar dondurucuda soğutun.
m) Servis yapmak için bir kaseye birkaç kedi dili koyun, üzerine kahve ve amaretto karışımı gezdirin ve üzerine tiramisu dondurması ekleyin.

26. Tiramisu Tartları

Yapar: 6 porsiyon

İÇİNDEKİLER:
KABUĞU İÇİN:
- 4 çay kaşığı pudra şekeri
- 2 çay kaşığı Hollanda usulü kakao tozu
- 2 yemek kaşığı çok amaçlı un
- ½ çay kaşığı mısır nişastası
- ¼ çay kaşığı instant espresso tozu
- Bir tutam tuz
- 1 ½ yemek kaşığı soğuk tuzsuz tereyağı, küçük küpler halinde kesilmiş
- Vanilya özü sıçraması

DOLGU İÇİN:
- 3 ons mascarpone peyniri, oda sıcaklığında
- 2 yemek kaşığı şeker
- 1 ½ yemek kaşığı marsala
- Vanilya özü sıçraması

GARNİTÜR İÇİN:
- Küçük bir kalıp yarı tatlı veya acı tatlı çikolata veya Hollanda usulü kakao tozu

TALİMATLAR:

a) Pudra şekeri, kakao tozu, çok amaçlı un, mısır nişastası, espresso tozu ve tuzu mini bir mutfak robotuna yerleştirin. Birleştirmek için birkaç kez vurun.

b) Soğuk tereyağı küplerini ve vanilyayı ekleyin ve küçük kırıntılar oluşana kadar karıştırın.

c) Dolguyu iki 3 ½ inçlik tart kalıbına bölün ve kırıntıları alta ve yanlara doğru bastırmak için yuvarlak bir çorba kaşığının arkasını kullanın. En az 15 dakika dondurucuya koyun.

d) Fırını 325 dereceye ısıtın.

e) Tartlet kalıplarını bir fırın tepsisine yerleştirin ve 8 ila 10 dakika pişirin. Tamamen soğuması için bir tel rafa yerleştirin.

f) Küçük bir kapta krem peynir, şeker, marsala ve vanilyayı pürüzsüz olana kadar çırpın.

g) Dolguyu iki soğutulmuş kabuk arasında bölün.

h) Süslemek için biraz yarı tatlı veya acı tatlı çikolata rendeleyin veya her tartletin üzerine biraz Hollanda usulü kakao eleyin.

27. Beyaz Çikolatalı Tiramisu Puding Kapları

Yapar: 6 porsiyon

İÇİNDEKİLER:
- 10 italyan bayan parmak
- ½ fincan demlenmiş kahve, soğutulmuş, bölünmüş
- 4 ons mascarpone peyniri, yumuşatılmış
- 1 ½ su bardağı süt
- 3,9 onsluk Beyaz Çikolatalı Vanilyalı Fasulye Hazır Puding Karışımı paketi
- 8 onsluk çırpılmış tepesi kabı, bölünmüş
- beyaz çikolata talaşı, isteğe bağlı

TALİMATLAR:
a) Lady Fingers'ı plastik bir fermuarlı torbaya koyun ve kaba kırıntılar oluşana kadar bir tokmak veya oklava ile ezin.

b) Kırıntıları 6 küçük servis tabağına eşit olarak paylaştırın. Bayan parmak kırıntılarını ¼ fincan kahve ile serpmek için bir çay kaşığı kullanın. Servis tabağı başına yaklaşık 2 çay kaşığı kahve kullanacaksınız.

c) Mascarpone peyniri, süt, ¼ fincan kahve ve puding karışımını bir karıştırıcıya koyun ve pürüzsüz olana kadar orta hızda yaklaşık 30 saniye karıştırın.

d) Puding karışımını büyük bir kaseye aktarmak için lastik bir spatula kullanın. Çırpılmış tepenin ½'sini katlayın.

e) Dolguyu 6 servis tabağı arasına eşit şekilde kaşıklayın veya sıkın. Örtün ve 4 saat veya gece boyunca soğutun.

f) Servis yapmadan önce, kalan çırpılmış krema ve beyaz çikolata talaşı ile süsleyin.

28. limon tiramisu

Yapar: 8-10

İÇİNDEKİLER:
- 2 adet limon, suyu ve kabuğu rendesi
- 4 yemek kaşığı brendi veya 4 yemek kaşığı beyaz rom
- 4 ons pudra şekeri, bölünmüş
- 9 onsluk sünger kek parmak paketi
- İki adet 9 onsluk mascarpone peyniri kabı
- 4-5 yemek kaşığı limon lor
- 2 büyük yumurta, ayrılmış
- 150 ml krema
- 1 limon kabuğu, ince rendelenmiş, biraz demerara şekeri ile karıştırılmış

TALİMATLAR:

a) Sığ bir kapta limon suyu, brendi ve 2 oz şekeri karıştırın.
b) Bir kenara koyun, böylece şekerin çözülmesi için zaman olur.
c) 9 inçlik yaylı bir tava hazırlayın; altını parşömen kağıdı ile hizalayın.
d) Çok temiz bir kapta, temiz çırpıcılar kullanarak yumurta aklarını yumuşak zirveler oluşana kadar çırpın, yavaş başlayın, yavaş yavaş daha yüksek hızda başlayın.
e) Kremayı da yumuşak bir zirveye kadar çırpın.
f) Kalan şeker, mascarpone, limon lor, yumurta sarısı ve limon kabuğu rendesini birlikte çırpın.
g) Daha sonra mascarpone karışımındaki kremayı, ardından yumurta aklarını metal bir kaşık kullanarak katlayın.
h) Limon/brendi karışımını karıştırın ve parmaklarınızı içine daldırın, tabağın altını parmaklarla hizalayın ve bisküvilerin üzerine fazladan biraz sıvı serpin, genellikle yeterli olacaktır.
i) Mascarpone karışımının yarısını bisküvilerin üzerine dökün, kalan parmakları batırın ve üstüne yerleştirin, biraz kaldıysa tekrar brendi limon suyu serpin ve ardından mascarpone'un geri kalanını ekleyin.
j) Bir palet bıçağı kullanarak üzerini düzeltin, üzerini örtün ve bir gece buzdolabında bekletin.
k) Servis yapmak için, kullanıyorsanız üzerine limon/şeker karışımını serpiştirin, kalıptan çıkarın, servis tabağına alın ve dilimler halinde kesin.

29. Kabak Baharatlı Tiramisu Turtası

Yapar: Bir 9 inçlik turta

İÇİNDEKİLER:
- 1 ½ bardak ağır krema
- 2 büyük yumurta, ayrılmış
- ⅓ su bardağı artı 1 yemek kaşığı şeker
- 1 su bardağı mascarpone, oda sıcaklığında
- ½ su bardağı konserve kabak püresi
- 1 ½ çay kaşığı kabak pasta baharatı
- 1 ½ fincan oda sıcaklığında demlenmiş espresso
- 5,3 onsluk ladyfingers paketi
- Tıraş için bitter veya yarı tatlı çikolata

TALİMATLAR:
a) Çırpma aparatıyla donatılmış bir stand mikserin kasesinde, kremayı orta-yüksek hızda sert zirveler oluşana kadar çırpın; küçük bir kaseye aktarın ve soğutun.

b) Temizlenmiş çırpma aparatına sahip stand mikserinin temizlenmiş kasesinde, yumurta aklarını yumuşak zirveler oluşana kadar yüksek hızda çırpın. 1 yemek kaşığı şeker ekleyin ve sert zirveler oluşana kadar çırpın; küçük bir kaseye aktarın.

c) Temizlenmiş çırpma aparatıyla donatılmış stand mikserin temizlenmiş kasesinde, yumurta sarılarını ve kalan ⅓ fincan şekeri koyulaşıp soluk sarı olana kadar yüksek hızda çırpın. Mascarpone, kabak püresi, balkabağı turta baharatı ve çırpılmış kremanın üçte birini yumurta sarısı karışımına yavaşça katlayın. Çırpılmış yumurta aklarını yavaşça ekleyin ve soğutun.

d) Espressoyu sığ bir tabağa koyun. Kedi parmaklarının her iki tarafını da espressoya batırın ve 9 inçlik bir pasta tabağına dibi tamamen hizalanacak şekilde yerleştirin. Kabak karışımının yarısı, daha fazla espressoya batırılmış kedi dili ve kalan kabak karışımı ile doldurun. Pastayı kalan çırpılmış krema ve çikolata talaşı ile doldurun. Servis yapmaya hazır olana kadar 8 saat veya bir geceye kadar buzdolabında bekletin.

30. Tiramisu Whoopie Pies

Yapar: 6 porsiyon

İÇİNDEKİLER:
KURABİYE:
- 2 su bardağı badem unu
- 3 yemek kaşığı tatlandırılmamış peynir altı suyu proteini
- ½ su bardağı Monk Meyve Granül Tatlandırıcı
- 2 çay kaşığı kabartma tozu
- ½ çay kaşığı kabartma tozu
- ½ çay kaşığı tuz
- ½ su bardağı tereyağı küçük küpler halinde kesilmiş
- ½ su bardağı düşük karbonhidratlı şeker ikamesi veya ½ su bardağı en sevdiğiniz düşük karbonhidratlı tatlandırıcı
- 2 büyük yumurta
- 1 çay kaşığı vanilya özü
- ½ su bardağı tam yağlı ekşi krema
- üzerine serpmek için kakao tozu

DOLGU:
- ¼ fincan soğuk espresso kahve veya sert kahve
- 1 yemek kaşığı koyu rom
- 8 ons mascarpone peyniri
- 2 yemek kaşığı düşük karbonhidratlı şeker yerine
- bir tutam tuz
- ½ fincan ağır krema
- 2 çay kaşığı vanilya özü
- 2 çay kaşığı koyu rom isteğe bağlı veya seçtiğiniz likörle alt

TALİMATLAR:

a) Fırını 350 ° F'ye ısıtın. Whoopie turta tepsisine yapışmaz sprey püskürtün.

b) Badem unu, protein tozu, esmer şeker tatlandırıcı, kabartma tozu, kabartma tozu ve tuzu bir kapta karıştırın. Kenara koyun.

c) Tereyağı ve şekeri mikserle orta-yüksek hızda krema kıvamına gelene kadar çırpın; yaklaşık 2 dakika.

d) Yumurtaları ve 1 çay kaşığı vanilyayı ekleyip karışana kadar çırpın. Kasenin kenarlarını kazıyın. Ekşi krema ekleyin, ardından karışımı kurutun.

e) Küçük bir çay kaşığı kullanarak, hamuru her boğmaca pasta kalıbına boşaltın ve boşluğun yaklaşık ⅔'ünü doldurun. Küçük bir süzgecin içine biraz kakao tozu koyun ve her hamur kepçesinin üzerine biraz kakao tozu serpin.

f) Kenarlar altın rengi olana kadar yaklaşık 10-12 dakika pişirin.

g) Tel ızgara üzerinde yaklaşık 10 dakika soğutun, ardından kurabiyeleri tavadan çıkarın ve soğumaya bırakın.

h) Soğuduktan sonra, kurabiyeleri rafta ters çevirin.

i) Küçük bir kasede espresso ve 3 yemek kaşığı koyu romu karıştırın. Her kurabiyenin alt tarafına yaklaşık ¼ çay kaşığı espresso sıvısı yayın.

j) Mascarpone peyniri, düşük karbonhidratlı şeker ikamesi, tuz, ağır kremalı vanilya ve 1 T. koyu romu bir mikser ile pürüzsüz olana kadar çırpın. Kurabiyelerin çikolatalı yarısının üzerine mascarpone peynirli karışımdan biraz koyun. Kurabiyelerin diğer yarısını üstüne yerleştirin.

k) Hemen servis yapın veya buzdolabına koyun.

31.   Amaretto Cannoli

Yapar: 6 Porsiyon

İÇİNDEKİLER:
- 2¾ su bardağı Çok amaçlı un; elenmiş
- 2 yemek kaşığı Şeker
- ¼ bardak Tereyağı
- 1 yumurta; dövülmüş
- ⅔ bardak Marsala şarabı; veya şeri veya tatlı şarap
- 1 yumurta akı
- Yağ; kızartma için
- 1 pound ricotta peyniri
- 2 su bardağı Pudra şekeri; elenmiş
- ⅓ su bardağı Şekerlenmiş meyve; ince kıyılmış (kiraz şekerlemesi ile karıştırılmış)
- 2 ons Bittersweet çikolata parçaları
- 2 yemek kaşığı Amaretto; veya Maraschino likörü

TALİMATLAR:
a) Un ve şekeri karıştırın ve tereyağında kesin. Yavaş yavaş yumurta ve şarabı ekleyin, ardından karışımı bir top haline getirin. Pürüzsüz olana kadar hamuru yaklaşık 5 dakika yoğurun.
b) Üzerini örtüp en az 1 saat bekletin.
c) Doldurma: Ricotta peynirini bir süzgeçten geçirerek bir karıştırma kabına sıkın. 2 yemek kaşığı ayırarak şeker ekleyin. Kiraz ve çikolata parçaları ile şekerlenmiş meyveler ekleyin. Buzdolabında soğutun.
d) Bu arada, unlu bir yüzeyde, hamuru yaklaşık 4 inç çapında kağıt inceliğinde yuvarlayın. Zeytinyağı ile fırçalanmış cannoli tüplerini (aşağıya bakın) sarın. Kapatmak için kapağın üzerine yumurta beyazı sürün.
e) Yağı 380 F'ye ısıtın ve hamurları kızartın. Birkaç kat kağıt havlu üzerine boşaltın. Soğutun, ardından metal boruları dikkatlice dışarı kaydırın. Servise hazır olduğunda, daha önce değil, hamur ıslanacağı için, sıkma torbasının en büyük ağzından sıkın.
f) Her iki ucuna birkaç damla çikolata yerleştirin.
g) Kalan pudra şekeri serpin ve hemen servis yapın.

32. Cannoli alla siciliana

Yapar: 12 porsiyon

İÇİNDEKİLER:
MERMİLER:
- 2 fincan çok amaçlı un
- 2 yemek kaşığı Kısaltma
- 1 çay kaşığı Şeker
- ¼ çay kaşığı Tuz
- ¾ bardak Şarap, Marsala, Burgundy veya Chablis
- Sebze yağı

DOLGU:
- 3 su bardağı ricotta
- ½ su bardağı Şekerleme şekeri
- ¼ fincan Tarçın
- ½ kare şekersiz
- Rendelenmiş çikolata VEYA
- ½ yemek kaşığı Kakao (her ikisi de isteğe bağlı)
- ½ çay kaşığı vanilya
- 3 yemek kaşığı Citron kabuğu, doğranmış
- 3 yemek kaşığı Portakal kabuğu, şekerlenmiş, doğranmış
- 6 Glace vişne, doğranmış

TALİMATLAR:
a) KABUKLAR: Un, katı yağ, şeker ve tuzu birleştirin ve yavaş yavaş şarapla ıslatın, oldukça sert bir hamur veya macun oluşana kadar parmaklarınızla yoğurun. Top haline getirin, bezle örtün ve yaklaşık 1 saat bekletin.

b) Hamuru ikiye bölün ve hamurun yarısını yaklaşık ¼ inç kalınlığında ince bir tabaka halinde yuvarlayın.

c) 4 inçlik kareler halinde kesin. Metal bir tüpü çapraz olarak her bir kare boyunca bir noktadan diğerine yerleştirin, iki noktayı üst üste bindirerek ve üst üste binen noktaları biraz yumurta akı ile kapatarak hamuru tüpün etrafına sarın.

d) Bu arada derin kızartma için bitkisel yağı büyük derin tavada ısıtın. Her seferinde bir veya iki tüpü sıcak yağa bırakın. Hamur altın rengi kahverengi olana kadar hafifçe kızartın.
e) Tavadan çıkarın, soğumaya bırakın ve kabuğu metal borudan yavaşça çıkarın.
f) Kabukları soğuması için bir kenara koyun. Tüm kabuklar yapılana kadar prosedürü tekrarlayın.
g) DOLUM: Ricotta'yı elenmiş kuru malzemelerle iyice karıştırın. Vanilya ve meyve kabuğunu ekleyin. İyice karıştırın ve karıştırın. (İsteğe göre biraz rendelenmiş fıstık eklenebilir). Kabukları doldurmadan önce buzdolabını soğutun.
h) Soğuk cannoli kabuklarını doldurun; kabuğun her iki ucunda eşit şekilde doldurma. Her bir ucunu bir parça vişne ile süsleyin ve kabukları şekerleme şekeri serpin. Servis yapmaya hazır olana kadar soğutun.
i) Bunlar, şirketiniz gelmeden hemen önce doldurulmaları en iyisidir.

33. Cannoli kremalı pizza

Yapar: 1 Porsiyon

İÇİNDEKİLER:
- Tatlı Pizza Kabukları
- 1 su bardağı pudra şekeri
- 6 su bardağı Ricotta peyniri, iyi süzülmüş
- 1¼ su bardağı Şekerlenmiş meyve, ince kıyılmış
- 2 çay kaşığı vanilya özü
- 2 ons Semisweet minyatür çikolata parçaları
- Tuzsuz antep fıstığı, iri kıyılmış
- Şekersiz kakao tozu

TALİMATLAR:
a) Bir mutfak robotunda veya karıştırma kabında, şekerlemecilerin şekerini ricotta peyniri ile pürüzsüz ve kremsi olana kadar çırpın.
b) Şekerlenmiş meyve, vanilya ve çikolata parçalarını katlayın. Kullanmadan önce iki ila üç saat boyunca kapalı olarak soğutun.
c) Pişmiş pizza kabuğunun üzerine bir kat cannoli kreması koyun.
d) Kıyılmış antep fıstığını peynirin üzerine serpin. İstenirse hafifçe kakao tozu serpin.

34. Cannoli turtası

Yapar: 1 Porsiyon

İÇİNDEKİLER:
- 1½ pound ricotta peyniri
- 1½ su bardağı Şekerleme şekeri
- 3 yemek kaşığı ağır krema
- 12 Kiraz, dörde bölünmüş
- 2 ons Baker'ın tatlı çikolatası
- 2 ons Şeritli badem
- 1 adet hazır çikolata
- Rendelenmiş fırıncının tatlı çikolatası

TALİMATLAR:

a) Büyük bir karıştırma kabında ricotta peyniri, şekerleme şekeri ve ağır kremayı birleştirin; Pürüzsüz ve kremsi olana kadar iyice karıştırın.

b) Kiraz, 2 ons çikolata ve badem ekleyin; karışması için karıştırın.

c) Hazırlanan kabuğa dökün. İsteğe göre rendelenmiş çikolata serperek süsleyin.

d) Folyo ile örtün ve servis yapmadan 3 saat önce dondurun. (Pasta katılaşırsa, servis yapmadan önce biraz yumuşamasını bekleyin.

35. çocuklar için cannoli

Yapar: 10 porsiyon

İÇİNDEKİLER:
- 15 ons Kısmen yağsız ricotta peyniri
- ⅔ su bardağı Şekerleme şekeri
- ½ çay kaşığı Rendelenmiş portakal kabuğu
- ½ çay kaşığı vanilya özü
- 2 yemek kaşığı Minyatür çikolata parçaları
- 10 adet şekerli dondurma külahı

TALİMATLAR:
a) Düşük hızda elektrikli karıştırıcılı büyük bir kapta ricotta peyniri, şeker, portakal kabuğu ve vanilyayı pürüzsüz olana kadar çırpın. Çikolata parçacıklarını karıştırın. Örtün ve 30 dakika soğutun.
b) Servis yapmak için, karışımı doğrudan dondurma külahlarına veya uçsuz bir dekorasyon torbasına kaşıkla koyun ve ardından külahlara sıkın.

36. Cannoli kabukları ve doldurma

Yapar: 1 Porsiyon

İÇİNDEKİLER:
- 1½ bardak Un
- ½ çay kaşığı Kabartma tozu
- 1 yumurta akı
- ¼ çay kaşığı Tuz
- 2 yemek kaşığı Tereyağı
- 8 ons Ricotta peyniri
- ½ su bardağı krem şanti
- ¼ su bardağı Pudra şekeri
- 1 çay kaşığı vanilya
- ¼ bardak Minyatür çikolata parçaları

TALİMATLAR:

a) Un, tuz ve kabartma tozunu eleyin. tereyağında kesin; iyice yoğurun. Unlu tahtada, hamuru 1/16-inç kalınlığa kadar yuvarlayın. 4 inçlik kareler halinde kesin.

b) Kareleri merdane ile oval şekilde açın. Her bir ovali Cannoli tüpünün etrafına sarın. Kenarı yumurta akı ile kapatın. 2 tanesini 350 derecelik yağda 1-2 dakika kızartın. Tahliye etmek için tüpleri doğrama çubuklarıyla tutun. 5 dakika soğutun. Tüpleri dikkatlice çıkarın. 12 mermi yapar.

c) Doldurma: Blender'da peynir, krema, şeker ve vanilyayı birleştirin. Çikolata parçacıklarını katlayın. Cannoli kabuklarını doldurun. Pudra şekeri ile toz. Çikolata şurubu ile süsleyin. 12 mermi doldurun.

37. Tiramisu Cheesecake

Yapar: 12

İÇİNDEKİLER:
KABUK:
- 12 onsluk ladyfingers paketi
- ¼ su bardağı tuzsuz tereyağı, eritilmiş
- 2 yemek kaşığı kahve aromalı likör

DOLGU:
- Üç adet 8 onsluk yumuşatılmış krem peynir paketi
- 8 onsluk yumuşatılmış mascarpone peyniri kabı
- 1 su bardağı beyaz şeker
- 2 yemek kaşığı kahve aromalı likör
- ¼ bardak çok amaçlı un
- 2 büyük yumurta
- 1 çay kaşığı ağır krema veya gerektiği gibi daha fazla
- ¼ ons yarı tatlı çikolata

TALİMATLAR:
a) Fırını 350 derece F'ye ısıtın.
b) En alt fırın rafına bir kap su koyun.
c) Kabuğu yapın: Kedi parmaklarını ince kırıntılara kadar ezin. Kırıntıları eritilmiş tereyağı ve kahve aromalı likör ile bir kaseye koyun; eşit bir şekilde birleştirilene kadar karıştırın. 9 inçlik yay biçimli bir tavanın dibine bastırın.
d) Dolguyu yapın: Krem peynir, mascarpone peyniri ve şekeri büyük bir kapta elektrikli karıştırıcı ile 2 ila 3 dakika çok pürüzsüz olana kadar çırpın. Kasenin kenarlarını kazıyın ve kahve aromalı likörle karıştırın. Un ve yumurta ekleyin; pürüzsüz olana kadar düşük hızda karıştırın. Hamur çok kalın görünüyorsa, ağır krema ile karıştırın. Hamuru kabuğun üzerine dökün.
e) Önceden ısıtılmış fırının orta rafında 40 ila 45 dakika kadar pişirin.
f) Fırının kapağını açın, ocağı kapatın ve cheesecake'i orta rafta 20 dakika soğumaya bırakın. Fırından çıkarın, bir tel ızgaraya aktarın ve yaklaşık 30 dakika daha tamamen soğumaya bırakın.
g) En az 3 saat veya bir gece buzdolabında bekletin.
h) Servis yapmaya hazır olduğunuzda, üzerine yarı tatlı çikolata rendeleyin. Bir sofra bıçağının ucunu tavanın kenarlarında gezdirin, ardından mandalları açın ve yanları çıkarın. Cheesecake'i yavaşça kalıbın tabanından ve servis tabağına kaydırın.

38. **Mangomisu**

Yapar: 6 porsiyon

İÇİNDEKİLER:
- 500 gr mascarpone peyniri
- 600ml koyulaştırılmış krema
- ⅓ su bardağı pudra şekeri
- 2 yumurta sarısı
- 1 vanilya çekirdeği, bölünmüş, tohumları sıyrılmış
- ½ fincan Büyük Marnier
- 2 portakalın suyu
- 300 gr kedi dili
- 3 mango, eti 1 cm kalınlığında dilimlenmiş
- Ahududu sosu
- ¼ fincan pudra şekeri
- 250 gr taze ahududu veya donmuş ahududu
- 1 limon suyu

TALİMATLAR:

a) 22 cm'lik kelepçeli kek kalıbının tabanını streç film veya pişirme kağıdı ile kaplayın. Mascarpone, koyulaştırılmış krema, pudra şekeri, yumurta sarısı ve vanilya tohumlarını bir elektrikli karıştırıcının kasesine koyun ve koyulaşıp iyice karışana kadar yüksek hızda çırpın.

b) Grand Marnier ve portakal suyunu ayrı bir kapta birleştirin. Pandispanya parmaklarının yarısını sıvı karışıma batırın ve kek kalıbının tabanına dizin. Mascarpone karışımının üçte birini yayın ve mango dilimlerinin üçte birini üstüne koyun. İşlemi tekrarlayın, ardından kalan mascarpone karışımını ekleyin ve kalan mango dilimlerini servis için ayırın. Pastayı örtün ve 2 saat veya sertleşene kadar soğutun.

c) Bu sırada frambuaz sosu için, küçük bir tencereye şekeri ve 2 yemek kaşığı suyu alıp orta ateşte karıştırarak şekeri eritin. Hafifçe soğutun, ardından meyveleri ve limon suyunu ekleyin. Pürüzsüz olana kadar bir mutfak robotunda çırpın, ardından bir elekten geçirin. Servis yapmaya hazır olana kadar soğutun.

d) Servis yapmak için kek kalıbının kenarlarını ve tabanını dikkatlice çıkarın ve mangomisu'yu bir tabağa aktarın.

e) Ayrılmış mango bukleleriyle süsleyin, ardından dilimleyin ve meyve sosuyla servis yapın.

39. **Matcha tiramisu**

Yapar: 9

İÇİNDEKİLER:
DEMLENMİŞ KAHVE
a) ¾ fincan demlenmiş kahve
b) 1 yemek kaşığı amaretto isteğe bağlı
MASCARPON KREMİ
c) ⅓ bardak yoğunlaştırılmış süt
d) 1 yemek kaşığı matcha tozu
e) 3 yumurta sarısı
f) 8 ons mascarpone peyniri
g) 2 yemek kaşığı demlenmiş kahve
h) 1 çay kaşığı vanilya özü
i) 1 su bardağı yoğun krema
TIRAMISU MONTAJI
j) 40 kedi dili
k) 1 yemek kaşığı matcha tozu

TALİMATLAR:
a) Demlenmiş kahvenizi amaretto ile bir kasede birleştirin. Kenara koyun.
b) Yoğunlaştırılmış sütü ve matcha'yı homojen bir yeşil renge kadar karıştırın. Matcha tozunu yoğunlaştırılmış sütün içine eleyin.
c) Ardından, mascarpone dolgunuzu yapın. Küçük bir tencerede kaynatmak için birkaç bardak su getirin.
d) Bir kaseye yumurta sarısı ve matcha yoğunlaştırılmış süt ekleyin. Kâseyi kaynayan suyun üzerine koyun ve yumurta karışımı daha açık yeşil bir renk alana kadar karıştırın. Ateşten alın.
e) Yumurta karışımına mascarpone peyniri, demlenmiş kahve ve vanilya özü ekleyin ve iyice karışana kadar karıştırın.
f) Ağır kremayı sert zirvelere kadar çırpın. Kremayı 5. adımdaki mascarpone karışımına yavaşça katlayın. Kenara koyun.
g) Şimdi tiramisu'nuzu hazırlamanın zamanı geldi. Bir hanım parmağını demlenen kahveye hafifçe batırın ve 9×9 fırın tepsisine

yerleştirin. Alt kısmı kedi dili ile kaplanana kadar bu işlemi tekrarlayın.

h) Mascarpone kreminin yarısını hanım parmaklarına alın. Bayan parmaklarının üzerine eşit bir tabaka halinde yayın. Bu işlemi ikinci bir kat bayan parmak ve ardından ikinci kat mascarpone peyniri ile tekrarlayın.

i) Matcha tozunu ikinci kat mascarpone kreminin üzerine eleyin.

j) Tiramisu'nun üzerini kapatıp buzdolabına kaldırın. 6 saat veya bir gece buzdolabında bekletelim. En iyi tat ve doku için bir gece buzdolabında bekletin.

40. Çikolatalı ve karamelli mus tiramisu

Yapar: 12

İÇİNDEKİLER:
h) 400 gr bitter çikolata, doğranmış
i) 400 gr sütlü çikolata, doğranmış
j) 6 yumurta, ayrılmış
k) 1 ½ titanyum gücünde jelatin yapraklar, soğuk suda 5 dakika yumuşatılmış
l) 900ml kalınlaştırılmış krema
m) 2 çay kaşığı vanilya fasulye ezmesi
n) ½ su bardağı pudra şekeri
o) 1 su bardağı kahve likörü
p) 400 gr kedi dili bisküvi
q) Toz haline getirmek için kakao

karamelli mus
r) 800ml koyulaştırılmış krema
s) 2 adet titanyum gücünde jelatin yaprağı, soğuk suda 5 dakika yumuşatılmış
t) 2 x 250g kavanoz satın alınan dulce de leche, gevşetmek için hafifçe dövüldü

TALİMATLAR:
a) Çikolataları, kaynayan su dolu bir tencerenin üzerine yerleştirilmiş ısıya dayanıklı bir kaba koyun ve eriyene ve pürüzsüz olana kadar karıştırın. Hafifçe soğutun, ardından kürek eki ile bir stand miksere aktarın.
b) Yumurta sarısını çırpın.
c) 300 ml kremayı küçük bir sos tenceresine alın ve kısık ateşte kaynamaya bırakın. Jelatinden fazla suyu sıkın ve eriyene ve birleştirilene kadar kremaya karıştırın. 3 partide, pürüzsüz olana kadar çikolata karışımına yedirin. Büyük, temiz bir kaseye aktarın.
d) Kalan 600ml kremayı vanilya ile sert zirvelere kadar çırpın. Sakin olmak.

e) Yumurta aklarını çırpma aparatı ile bir stand miksere koyun ve sert tepe noktalarına kadar çırpın. Her seferinde 1 yemek kaşığı şeker ekleyin ve eriyene ve karışım parlak olana kadar çırpın.

f) Çırpılmış kremayı bir çikolata karışımına katlayın, ardından 2 parti halinde çırpılmış yumurta aklarını ekleyin. Toplanmaya hazır olana kadar soğutun.

g) Karamelli mus için 200 ml kremayı küçük bir sos tenceresine alıp kısık ateşte kaynamaya bırakın. Jelatinden fazla suyu sıkın ve eriyene ve birleştirilene kadar kremaya karıştırın. Hafifçe soğutun. Kalan 600 ml kremayı çırpma aparatı ile bir stand miksere yerleştirin ve yumuşak zirvelere kadar çırpın. Birleştirilene kadar gevşetilmiş dulce de leche ve jelatin karışımını katlayın. 30 dakika soğutun.

h) Kahve likörünü geniş bir kaseye alın. Kedi dili bisküvilerinin yarısını liköre batırın ve 6 litrelik bir servis tabağının tabanına çift kat halinde dizin. Üzerine çikolatalı mus un yarısını gezdirin. Kalan bisküvileri liköre batırın ve musun üzerine çift kat olacak şekilde dizin. Karamelli mus ile üstünü bir palet bıçağıyla düzleştirin. Donana kadar 2-3 saat buzdolabında bekletin. Kalan çikolatalı musu 1 cm'lik düz ağızlık takılmış bir sıkma torbasına koyun ve kullanıma hazır olana kadar buzdolabında saklayın.

i) Kalan çikolatalı musu karamelli musun üstüne sıkın. Donana kadar 4-5 saat veya bir gece buzdolabında bekletin. Servis için üzerine kakao serpin.

41. Tiramisu kremalı tencere

Yapar: 8

İÇİNDEKİLER:
- 2 su bardağı pudra şekeri
- 12 yumurta sarısı
- 2 vanilya fasulyesi, bölünmüş, tohumları sıyrılmış
- 1,2 L saf krema, artı fazladan ¼ bardak
- 2 yemek kaşığı hazır kahve granülleri
- 50 gr tuzsuz tereyağı, doğranmış
- 4 adet pandispanya bisküvi, ufalanmış
- 2 yemek kaşığı Frangelico
- 1 yemek kaşığı ince kıyılmış fındık
- 400 gr kaliteli mascarpone
- 1 çay kaşığı vanilya özü
- Toz haline getirmek için kaliteli kakao tozu

TALİMATLAR:

a) Fırını önceden 140°C'ye ısıtın.
b) Bir kapta şeker ve yumurta sarılarını beyazlaşana kadar çırpın.
c) Vanilya çekirdeklerini ve çekirdeklerini krema ve kahve ile birlikte büyük bir tencereye koyun ve kahveyi eritmek için karıştırarak kaynama noktasına getirin. Birleşene kadar sürekli karıştırarak yumurta karışımının üzerine yavaşça dökün.
d) Yumurta karışımını temizlenmiş tavaya geri koyun ve orta-düşük ısıya yerleştirin.
e) Sürekli karıştırarak 6-8 dakika veya koyulaşana ve yumurta karışımı kaşığın arkasını kaplayana kadar pişirin. Sekiz adet ¾ fincan fırına dayanıklı kaba bölün ve büyük bir kızartma tavasına koyun. Tencerenin kenarlarına gelecek kadar kaynar su ekleyin.
f) Tavayı folyo ile örtün ve dikkatlice fırına yerleştirin. Merkezde hafif bir sallanma ile ayarlanana kadar 30 dakika pişirin. Oda sıcaklığına soğutun, ardından 2 saat veya sertleşene kadar soğutun.
g) Servis yapmaya hazır olduğunuzda, tereyağını bir tavada 2-3 dakika veya ceviz rengine gelene kadar eritin. Kedi parmaklarını ekleyin ve karıştırarak 3-4 dakika veya kızarana kadar pişirin. Frangelico ve fındıkları ekleyin ve birleştirmek için karıştırın. Serin. Mascarpone, vanilya ve ekstra kremayı bir kapta yavaşça karıştırın.
h) Muhallebilerin üzerine mascarpone karışımını dökün. Servis için kedi dili kırıntısı ve kakao serpin.

42. Tiramisulu Kapkekler

Yapar: 12-14 Kek

İÇİNDEKİLER:
KAPKEK
- 6 yemek kaşığı tuzlu tereyağı, oda sıcaklığında
- ¾ su bardağı şeker
- 2 çay kaşığı vanilya özü
- 6 yemek kaşığı ekşi krema
- 3 yumurta akı
- 1¼ su bardağı çok amaçlı un
- 2 çay kaşığı kabartma tozu
- 6 yemek kaşığı süt
- 2 yemek kaşığı su

TIRAMISU DOLUMU
- 2 yumurta sarısı
- 6 yemek kaşığı şeker
- ½ su bardağı mascarpone peyniri
- ½ fincan ağır çırpılmış krema
- 2½ yemek kaşığı ılık su
- 1 yemek kaşığı instant espresso kahve granülleri
- ¼ fincan Kahlua

TALİMATLAR:
KUPAK YAPIN
a) Fırını 350 dereceye ısıtın ve kek astarlı bir kek tepsisi hazırlayın.
b) Tereyağı ve şekeri rengi açılıp köpük köpük olana kadar yaklaşık 2-3 dakika çırpın.
c) Vanilya özü ve ekşi krema ekleyin ve iyice birleşene kadar karıştırın.
d) Yumurta aklarını iki parti halinde ekleyin ve iyice birleşene kadar karıştırın.
e) Kuru malzemeleri başka bir kapta birleştirin, ardından başka bir kapta süt ve suyu birleştirin.
f) Kuru malzemelerin yarısını hamura ekleyin ve iyice birleşene kadar karıştırın. Süt karışımını ekleyin ve iyice birleşene kadar

karıştırın. Kalan kuru malzemeleri ekleyin ve iyice birleşene kadar karıştırın.

g) Cupcake kaplarını yaklaşık yarısına kadar doldurun. 15-17 dakika veya batırdığınız bir kürdan birkaç kırıntıyla çıkana kadar pişirin.

h) Cupcakes'i fırından çıkarın ve 2-3 dakika soğumaya bırakın, ardından soğutmayı bitirmek için bir soğutma rafına alın.

DOLUMU YAPIN & KUPAKLARI DOLDURUN

a) Cupcakes soğurken, dolguyu yapın. Yumurta sarısı ve şekeri benmari usulü kaynayan su üzerinde birleştirin. Çift kazanınız yoksa, içinde kaynayan su bulunan bir tencerenin üzerine yerleştirilmiş metal bir karıştırma kabı kullanabilirsiniz.

b) Düşük ısıda, sürekli karıştırarak veya karışım açık renk alana ve şeker eriyene kadar yaklaşık 6-8 dakika pişirin. Karışım çok kalınlaşmaya ve daha koyu bir sarı olmaya başlarsa, fazla pişmiş demektir.

c) Bittiğinde, sarıları bir mikser ile koyulaşana ve biraz sarı olana kadar çırpın.

d) Mascarpone peynirini çırpılmış sarılara katlayın.

e) Başka bir mikser kasesine ağır çırpılmış krema ekleyin ve yaklaşık 5-7 dakika sert tepe noktaları oluşana kadar çırpın.

f) Çırpılmış kremayı mascarpone karışımına katlayın.

g) Başka bir küçük kapta ılık su, espresso ve Kahlua'yı birleştirin.

h) Cupcakeler soğuyunca ortalarını kesin.

i) Cupcakelerin deliklerinin iç kısmına espresso karışımından yaklaşık 1 yemek kaşığı gezdirin, ardından delikleri tiramisu dolgusu ile doldurun.

43. Mini Tiramisu Bardakları

Yapar: 5

İÇİNDEKİLER:
TIRAMISU KUPASI İÇİN
- Mağazadan alınmış 200 gr Ladyfingers
- 300 gr Mascarpone %41 yağ, soğuk tüketin
- 240 g Ağır Krema %36 yağ, çok soğuk
- 70 gr elenmiş pudra şekeri

MONTAJ İÇİN
- 1 fincan Kahve sert espresso kedi parmaklarını emdirmek için hafifçe tatlandırılmış
- Üzerini süslemek için Hollanda usulü işlenmiş birkaç yemek kaşığı Kakao tozu
- Süslemek için kedi parmakları

TALİMATLAR:
a) Bir kapta mascarpone, ağır krema ve pudra şekerini Elektrikli el mikseri yardımıyla birkaç dakika köpük köpük olana kadar çırpın.

b) Hanım parmaklarını taze hazırlanmış espressoya nazikçe batırın ve kahveye batırılmış kedi parmaklarından başlayıp mascarpone kremasıyla bitirerek bir fincana yerleştirmeye başlayın.

c) Ufak bir spatula veya kaşıkla üzerini düzeltin ve kedi parmağının yumuşaması için tiramisu kaplarını en az 1 saat buzdolabında bekletin.

d) Tiramisu buzdolabında donduktan sonra üzerine kakao tozu serpin ve kedi parmaklarıyla süsleyin.

44. Tiramisu Kremalı Puflar

Yapar: 15

İÇİNDEKİLER:
CHOUX İÇİN
- ½ su bardağı su
- 4 yemek kaşığı tuzsuz tereyağı
- ½ çay kaşığı şeker
- Bir tutam tuz
- ½ bardak çok amaçlı un
- 2 büyük yumurta

TIRAMISU KREMASI İÇİN:
- 4 ons mascarpone peyniri, soğuk oda sıcaklığında
- 2 yemek kaşığı kahve likörü
- 1 su bardağı ağır krem şanti
- ¾ su bardağı pudra şekeri

GANAJ İÇİN:
- ⅓ fincan ağır çırpılmış krema
- 4 ons kıyılmış bitter çikolata

TALİMATLAR
CHOUX İÇİN:

a) Fırını 425 dereceye ısıtın ve bir fırın tepsisine bir parşömen kağıdı koyun.

b) Orta ateşte orta boy bir tencerede, tereyağı eriyene ve karışım kaynayana kadar su, tereyağı, şeker ve tuzu birleştirin. Tencereyi ocaktan alın ve birleştirmek için kuvvetlice karıştırarak tüm unu ekleyin.

c) Birkaç dakika karıştırıldıktan sonra hamur, tavanın kenarlarından uzaklaşan nemli bir top oluşturacaktır. Pişirmek için tavayı sıcağa geri getirin, hamuru bir tahta kaşık veya lastik spatula ile 3 dakika kürek çekin. Hamuru geniş bir kaseye boşaltın ve yumurtaları birer birer ekleyin, her eklemeden sonra kuvvetlice karıştırın.

d) Hamur, içinden tahta kaşığı çektiğinizde yumuşak bir tepe noktası tutacak kadar kıvamlı olmalıdır. Çok katı olursa bir veya iki çay kaşığı su ekleyin. Karışımı sıkma torbasına doldurun ve hazırlanan tepsiye yaklaşık 2 inç arayla yemek kaşığı büyüklüğünde yuvarlak toplar sıkın. Fırında macaron kurabiyesi şekline benzer şekilde yuvarlak diskler olacak şekilde yuvarlaklardaki tepe noktaları düzeltmek için bir parmak ucunu zar zor nemlendirin.

e) Önceden ısıtılmış fırında 10 dakika pişirin, ardından fırın sıcaklığını 350'ye düşürün ve 15-20 dakika daha veya puflar altın rengi kahverengi olana kadar pişirin. Kullanmadan önce soğumaya bırakın.

TIRAMISU KREMASI İÇİN:

a) Mascarpone ve kahve likörünü el mikseri ile orta hızda yaklaşık 30 saniye veya pürüzsüz olana kadar çırpın. Büyük bir kapta veya bir stand mikserinin kasesinde, ağır çırpılmış kremayı orta hızda hafifçe koyulaşana kadar çırpın.

b) Pudra şekerini ekleyin ve sert zirveler oluşana kadar çırpmaya devam edin. Mascarpone karışımını çırpılmış kremaya yavaşça katlamak için lastik bir spatula kullanın. Krema pufları oda sıcaklığına soğuyana kadar buzdolabında bekletin. Doldurmaya hazır olduğunuzda, her kremalı pufun üstüne küçük bir yarık dilimleyin.

c) Tiramisu kremasını yuvarlak uçlu sıkma torbasına doldurun ve her pufta dolana kadar krema ile doldurun. Ganajı yaparken kenarda bekletin.

GANAJ İÇİN:

a) Ağır çırpılmış kremayı buharlaşana kadar mikrodalgada veya ocakta ısıtın. Küçük bir kasede doğranmış çikolatanın üzerine sıcak kremayı dökün ve her şeyi bir plastik örtü ile örtün.

b) 5 dakika sonra, karışımı pürüzsüz olana kadar karıştırın ve her pufun üzerine bir kaşık ganaj dökün. Alternatif olarak, krema puflarını batırabilirsiniz.

c) Ganaj dondukça sertleşecektir, bu yüzden gerektiği kadar hafifçe ısıttığınızdan emin olun.

45. Portakallı Panna Cotta ve Portakallı Jöle

İÇİNDEKİLER:

- Panna Cotta için:
- 1/2 su bardağı tam yağlı süt
- 1 ve 1/4 su bardağı ağır çırpılmış krema
- 1 tatlı kaşığı toz jelatin
- 1/4 su bardağı beyaz şeker
- 1/2 çay kaşığı vanilya özü
- Bir portakalın kabuğu
- Portakallı jöle için:
- 1/2 su bardağı taze sıkılmış portakal suyu
- 2 ve 1/2 çay kaşığı toz jelatin
- 1/4 su bardağı beyaz şeker
- 1 su bardağı su

TALİMATLAR:

a) Panna Cotta'yı yapmak için sütü ikiye bölün ve yarısını bir kaseye dökün.

b) Jelatini sütün üzerine serpin ve 15 dakika kabarması için bekletin (başarılı bir şekilde çiçek açan jelatin süngerimsi görünecektir)

c) Sütün kalan yarısını krema, portakal kabuğu rendesi, vanilya ve şekerle bir kapta birleştirin. Şeker tamamen eriyene kadar orta ateşte karıştırın. Karışım ısınmalı ancak kaynamamalıdır.

d) Şimdi ocaktan alın ve birkaç dakika (belki yaklaşık 15 dakika) demlenmesi için üzerini kapatın. Kaplama, portakal aromasını kabuğundan hapsetmek için gereklidir, bu yüzden lütfen atlamayın.

e) Demlenen karışımı kaynaması için tekrar ateşe koyun, ardından jelatin ve süt karışımını ekleyin ve jelatin tamamen eriyene kadar karıştırın. Küçük delikli süzgeç kullanarak karışımı süzün ve panacotta karışımınız süzdükten hemen sonra ramekinlere, tatlı kaplarına veya bardaklara doldurulmaya hazırdır. Ayarlanana kadar soğutun.

f) Yaklaşık 4 saat. Panna cotta'nızla yaratıcılığınızı konuşturmak için tatlı kaplarını kolayca açılı olarak ayarlayabilirsiniz.

g) Jöleyi yapmak için jelatini portakal suyunun yarısında 5 dakika kabartın.

h) Su ve şekeri şurup kıvamına gelene kadar (kıvamlı olmayan) yüksek ateşte kaynatın, ardından bu karışımı çiçek açan jelatinin üzerine dökün ve jelatini tamamen çözmek için çırpın. Meyve suyunun kalan yarısını ilave edin ve karışımın oda sıcaklığına soğumasını bekleyin.

i) Soğutulmuş jöle karışımını set panna cotta üzerine dökün. İsteğe göre kalın veya ince bir tabaka dökebilirsiniz. Panna cottanızın üzerine jöleyi buzdolabında yaklaşık yarım saat dinlendirin. Not: - jöle Panna Cotta'dan daha hızlı sertleşir

j) Soğutulmuş olarak servis yapın ve tatlı olarak tadını çıkarın

46. Karamelize fıstıklı çilekli panna cotta

İÇİNDEKİLER:

- 200 gr Çilek parçaları
- 60 gr şeker
- panna cotta
- 250 ml Süt
- 2 çay kaşığı tatlandırılmamış jelatin
- 80 gr şeker
- 1 paket dövülmüş yer fıstığı chiki

TALİMATLAR:

a) Bir tavaya çilek parçalarını koyun, şeker ekleyin, ateşte tutun 3 ila 5 dakika şeker eridikten sonra pişirin, ardından çilek yumuşamış sulu bir doku oluşturur

b) Bir tencereye alın ısıtın sütü dökün kaynamaya devam edin şekeri ekleyin bu arada bir kaba jelatini koyun suyu dökün iyice karıştırın jelatini sütün içine koyun 2dk kaynatın..

c) Kalıba dökün 30 dakika bekletin sonra bir tabağa çilek sosu dökün üzerine sosu dökün

d) Üzerini dövülmüş fıstık parçaları ile süsleyin, üzerine nane yaprakları servise hazır.

47. çilek ve kivi panna cotta

İÇİNDEKİLER:

- 1 su bardağı süt
- 1 su bardağı taze krema
- 1 yemek kaşığı jelatin
- 3 yemek kaşığı şeker
- 1 kivi doğranmış
- 2-3 adet doğranmış çilek

TALİMATLAR:

a) Sütü bir tencereye alıp jelatini ekleyin 4-5 dakika jelatini yumuşatın.

b) Şimdi süt karışımını jelatin eriyene kadar ısıtın ama süt yaklaşık 4-5 dakika kaynamaz.

c) Şeker ve krema ekleyin, iyice karıştırın.

d) Ateşten alın ve soğumaya bırakın.

e) Bardaklara dökün ve buzdolabında 4-5 saat bekletin ama dondurmayın.

f) Soğuyunca üzerini doğranmış kivi ve çilekle süsleyin.

48. Narenciye Soslu Ayran Panna Cotta

İÇİNDEKİLER:

- 1 su bardağı Ayran
- 1/4 su bardağı Şeker
- 1/2 su bardağı Ağır Krema
- 1-2 iplikçik Agar-Agar kabaca kırılmış

NARCİYE SOSU İÇİN

- 1 portakal
- 5-6 Turuncu Segment
- 3-4 yemek kaşığı Şeker

TALİMATLAR:

a) Ağır krema ve Şekeri bir tencerede ısıtın. Agar Agar'ı şimdi karıştırın. Çözülmesine izin verin. Karıştırmaya devam edin. Bir ila iki dakika sürecektir. Kaynatmayınız. Sıcak olmalı. Bu kadar. Buna ayran ekleyin. Çabuk karıştırın. İçine koyacağınız kabınızı hafifçe yağlayın.

b) Karışımı içine veya tek tek ramekin kalıplarına arzuya göre dökün ve sertleşmesine izin verin. Şeker ve portakal suyunu bir tencerede orta-yüksek ateşte şeker eriyene kadar ara sıra karıştırarak ısıtın. Turuncu segmentleri de ekleyin.

c) Kıvam alır almaz ocaktan alın. Panna Cotta'yı en az 2-3 saat veya sertleşene kadar soğutun. Narenciye Sosu ile soğutulmuş olarak servis yapın.

49. Erik panna cotta

İÇİNDEKİLER:

- 1 su bardağı taze krema
- 1/4 su bardağı Lor
- 3 yemek kaşığı şeker
- 4-5 Vanilya Özü
- 1 yemek kaşığı Jelatin
- 5-6 Erik
- 1/4 su bardağı Şeker
- 1/4 su bardağı su

TALİMATLAR:

a) Taze krema ve şekeri bir sos tenceresine alın ve şeker eriyene kadar kısık ateşte ısıtın.Ateşi kapatın ve soğuması için bir kenarda bekletin.

b) Jelatini küçük bir kaseye alın ve 2-3 yemek kaşığı kaynar su ekleyin. İyice karıştırın ve bir kenarda bekletin.

c) Yoğurt pürüzsüz olana kadar bir el blenderi kullanarak karıştırın.

d) Şimdi yoğurdu taze krema ve şeker karışımına ekleyin ve iyice karıştırın. Jelatin ve vanilya özütünü ekleyin ve tekrar her şeyi iyice karıştırın. Karışımı tülbent veya süzgeçle süzün ve ramekin kalıplarına veya silikon kalıplara veya muffin kaplarına veya tercihinize göre cam kaseler.

e) 2-3 saat veya sertleşene kadar soğutun.

f) Üzeri için kolay bir erik şerbeti yapalım. Eriklerin çekirdeklerini çıkarıp şeker ve su ile bir tencereye aktarın.

g) 5-10 dakika veya şeker eriyene kadar kaynatın ve soğuması için bir kenarda bekletin. Pürüzsüz bir püre elde edene kadar karıştırın ve 5-7 dakika daha ısıtın. Erik sosunuz hazır.

h) Bir kez buzdolabında saklayın ve ihtiyaç duyduğunuzda kullanın.

i) Şimdi son adım Pana Cotta'nızı düzenlemek.

j) Pana Cotta'nızı servis tabağına alın ve üzerine Soğutulmuş Erik Şurubu ve taze erik dilimleri ekleyin.

50. Spun Sugar süslemeli Mango Panna Cotta

İÇİNDEKİLER:
MANGO TABAKASI:
- 2 su bardağı mango püresi
- 2 yemek kaşığı agar agar/jelatin/çin ciğeri
- 2 yemek kaşığı Sıcak su

KREMA KATMAN İÇİN:
- 1 su bardağı tam yağlı süt
- 1 su bardağı krema
- vanilya özü
- tutam tuz
- 1/2 su bardağı şeker
- 2 yemek kaşığı çin otu
- 2 yemek kaşığı sıcak su

ŞEKER DEKORASYONU
- 2 yemek kaşığı şeker

TALİMATLAR:

a) Büyük bir kaseye çin otu ve su ekleyin ve 15 dakika bekletin. Bundan sonra tamamen karıştırın. Çözündükten sonra mango püresini ekleyin ve karıştırın. Tamamen karıştırıldığından emin olun. Bir servis bardağını çapraz yönde bir kaseye alın ve içine mango karışımını hafifçe dökün ve 2 saat buzdolabında bekletin.

b) Kreması için - 2 yemek kaşığı jelatini sıcak suda ıslatıp kenarda bekletin. Ev yapımı krema aldım. (Bir su bardağı krema yarım saat buzlukta bekletilir. Karıştırdıktan sonra taze krema elde etmiş olursunuz.) 1 su bardağı sütü ısıtıp üzerine şekeri ekleyin ve kenarda bekletin. Şeker tamamen çözülmeli ve süt soğumalıdır. Şimdi vanilya özütünü ekleyin ve iyice karıştırın. Bir kaseye krema tatlı süt jelatin çözünmüş su ekleyin ve iyice karıştırın tüm karışım düzgün bir şekilde karıştırılmalıdır.

c) Buzdolabından bir mango püresi bardağı alın ve krema tabakasını ekleyin ve tamamen katılaşana kadar 2 saat tekrar ayarlayın. Birkaç doğranmış mango ile süsleyin

d) Bir tencereye şeker ekleyin ve ısıtın orta karamel renginde karıştırmadan kaynatın. Ateşten alıp karameli yağlanmış tepsiye dökün ve istediğiniz şekli verin. Yerleşmesine ve parçalara ayrılmasına izin verin

51. Hindistan cevizli panna cotta, ananas sırlı

İÇİNDEKİLER:

- 1 bardak hindistan cevizi sütü
- 1 su bardağı yoğun krema
- 1 1/4 çay kaşığı agar agar
- 3 yemek kaşığı şeker
- 1 su bardağı ananas
- 1 yemek kaşığı tereyağı
- 1 yemek kaşığı esmer şeker

TALİMATLAR:

a) Geniş bir tencereye krema, hindistan cevizi sütü ve agar agarı ekleyin. Birleşene kadar çırpın ve 15 dakika kenarda bekletin.

b) Tavaya şekeri ekleyin ve iyice karıştırın. Ardından alevi orta seviyeye getirin. Şeker ve agar eriyene kadar ısıtın, kaynamaya başlayana kadar sürekli karıştırın.

c) 3-4 dakika daha kısık ateşte sürekli karıştırarak ısıtın ve altını kapatın.

d) İnce bir püre kullanın ve karışımı temiz bir kaseye süzün. Karışımı dilediğiniz bir bardağa dökün ve panna cotta donana kadar buzdolabında bekletin.

e) Ananas sosunu yapmak için, bir tavaya tereyağı ve esmer şekeri ekleyin ve orta ateşte ısıtın. Tereyağı eriyene ve şeker eriyene kadar karıştırmaya devam edin.

f) Şimdi ananası (ben ince doğradım, daha büyük parçalar olsun isterseniz) tavaya ekleyin, iyice karıştırın ve ananas yumuşayana kadar pişirmeye devam edin.

g) Ananas tatlı değilse biraz daha şeker kullanmalısın. Soğuyana kadar soğutun.

h) Panna cottanın üzerine ananas jölesini ekleyin ve soğuk olarak servis edin. Eğlence.

52. Üç Renkli Panna Cotta Lokum

İÇİNDEKİLER:
MANGO KATMAN İÇİN
- 1 su bardağı mango püresi
- 2 yemek kaşığı su
- 1 çay kaşığı tatlandırılmamış jelatin veya 4 g çin otu/agar agar kullanın
- Damak tadına göre Şeker

YEŞİL(KHAS) KATMAN İÇİN
- 1 su bardağı yoğun krema
- 2-3 yemek kaşığı has şurubu
- Damak tadına göre Şeker
- 1 çay kaşığı jelatin
- gerektiği kadar Birkaç damla yeşil gıda boyası (isteğe bağlı)

VANİLYA KREMA KATMAN İÇİN
- 1 su bardağı yoğun krema
- Damak tadına göre Şeker
- 1/2 çay kaşığı vanilya özü
- 1 çay kaşığı jelatin

TALİMATLAR:
MANGO KATMAN İÇİN

a) Önce küçük bir kaseye jelatin ve 2 yemek kaşığı su ekleyin, iyice karıştırın ve kabarması için 5 dakika bekletin. Bir tavada mango püresini, jelatini ekleyin ve kısık ateşte 2-3 dakika ısıtın.

b) Ocağı kapatın ve karışımı istediğiniz herhangi bir kalıba / bardağa dökün ve tamamen donması için buzdolabında saklayın.

KHAS KATMAN İÇİN

c) Küçük bir kapta jelatini iyice karıştırın ve kabarması için 5 dakika bekletin. Daha sonra bir sos tenceresine krema ve şekeri ekleyip orta ateşte şeker eriyene kadar pişirin.

d) Karışım kaynama noktasına gelince ocağı kapatın, khas şurubu, birkaç damla yeşil gıda boyası, (isteğe bağlı) çiçek açan jelatin ekleyin ve tamamen eriyene kadar karıştırın.

e) Oda sıcaklığına soğumaya bırakın ve ardından bu karışımı mango tabakasının üzerine dökün ve tekrar donması için buzdolabında saklayın.

VANİLYA KATMAN İÇİN

f) Küçük bir kapta jelatini iyice karıştırın ve kabarması için 5 dakika bekletin. Daha sonra bir sos tenceresine krema ve şekeri ekleyip orta ateşte şeker eriyene kadar pişirin.

g) Karışım kaynama noktasına geldiğinde ocağı kapatın, vanilya özlü jelatini ekleyin ve tamamen eriyene kadar karıştırın. Oda sıcaklığına soğumaya bırakın ve ardından bu karışımı khas tabakasının üzerine dökün ve tamamen donması için tekrar buzdolabında saklayın.

h) Enfes 3 Katlı Panna Cotta Lokum servise hazır.

53. Mango Lassi Panna Cotta

İÇİNDEKİLER:
- 2 büyük mango
- 1/4 su bardağı süt
- 2/3 su bardağı yoğurt
- 1 su bardağı yoğun krema
- 2 yemek kaşığı şeker
- 1 çay kaşığı Agar Agar tozu
- 1 çay kaşığı kakule tozu
- 3-4 safran teli

TALİMATLAR:

a) Agar Agar tozunu iyice emmesi için yeterli miktarda suya batırın. Bu gerekli.

b) Mango püresini soyun, dilimleyin ve püre yapmak için bir karıştırıcıya ekleyin.

c) Bir tencereye Süt ve Ağır krema ekleyin ve orta ateşte kaynatın.

d) Kakule tozu ve safran şeritlerini ekleyin. Mango püresini ve yoğurdu ekleyin ve ateşteyken iyice çırpın. kenara koymak

e) 2-3 dakika soğutun ve mango karışımını süzün

f) Kalıpları yağlayın. Kalıplara dökün ve bir gece buzdolabında bekletin

g) Mango küçük dilimleri ve nane yaprakları ile süsleyin ve keyfini çıkarın

54. Hindistan Cevizi Sütü ve Portakallı Panna Cotta

İÇİNDEKİLER:

- 250 ml Hindistan Cevizi Sütü
- 4-5 yemek kaşığı Şeker
- 1 portakal
- 2-3 iplikçik Agar-Agar
- 1/2 su bardağı su

TALİMATLAR:

a) Hindistan Cevizi Sütünü, üzerine Şeker eklenmiş taze sıkılmış Portakal suyu ve kabuğu ile birlikte kısık ateşte kaynatın. Kenara koyun. Bu arada küçük parçalara ayrılan Agar-Agar şeritlerine yarım çay bardağı su ilave edin. İlk önce harlı ateşte kaynayana kadar kaynatın ve ardından 4-5 dakika kadar kaynamaya bırakın.

b) Kesinlikle çözünmesi ve şeffafa yakın olması önemlidir. Ardından Hindistan Cevizi Sütü ve Portakal suyuna karıştırılmaya hazırdır.

c) İyice karıştırın. Bunu herhangi bir Cam tabağa veya Kek tavasına (hangisi kullanışlıysa) ekleyin. Serin bir yerde tutarak biraz soğumaya bırakın. Daha sonra soğuyana kadar soğutun.

d) Dilimleyin ve tadını çıkarın!

55. Nar panna cotta

İÇİNDEKİLER:

- 1/2 paket taze krema
- 1 yemek kaşığı şeker
- 11/2 su bardağı süt
- 1 çay kaşığı jelatin
- 1 su bardağı nar suyu
- 1 çay kaşığı vanilya özü

TALİMATLAR:

a) Sütün üzerine jelatin serpip 10 dakika dinlendirin.
b) Kremayı ısıtın şeker ve vanilya özü ekleyin
c) Jelatin karışımını karıştırın bardağa dökün
d) geceden buzdolabına koyun
e) Nar suyunu ısıtın jelatin karışımını ekleyin panna cottanızın üzerine dökün
f) Bir gece boyunca buzdolabına koyun
g) Taze narlarla süsleyin

56. Yeşil Beyaz Panna Cotta

İÇİNDEKİLER:

- 1 paket yeşil jöle muz
- 2 su bardağı su
- 1/3 su bardağı kaynamış su
- 3 çay kaşığı jelatin
- 400 ml krema
- 5 yemek kaşığı şeker veya damak zevkine göre
- 1 çay kaşığı vanilya essenan

TALİMATLAR:

a) Suyu kaynatıp jöleyi ekleyin ve karıştırın.
b) Jöleyi küçük bardaklarda 1/2 saat buzdolabında bekletin.
c) Jelatini sıcak suda eritin.
d) Şeker ekleyin ve iyice karıştırın.
e) Vanilya essenan ekleyin ve iyice karıştırın.
f) Kremayı ekleyin ve iyice karıştırın.
g) 1/2 saat sonra tekrar yeşil jöle buzdolabına dökün.

57. Hurma Püreli Yunan Yoğurt Panna Cotta

İÇİNDEKİLER:
PANNA COTTA İÇİN:
- 1 su bardağı yoğun krema
- 1/3 su bardağı şeker
- 1/8 çay kaşığı tuz
- 1 çay kaşığı vanilya özü
- 1 zarf tatlandırılmamış jelatin
- 2 bardak yunan yoğurdu

HURMA PÜRESİ İÇİN:
- 2 su bardağı hurma (çekirdeğini çıkarıp suda bekletin ve sonra blenderda püre haline getirin)
- şeker tatmak
- 1 yemek kaşığı mısır nişastası

TALİMATLAR:
a) Küçük bir kapta 1 zarf jelatini 3 yemek kaşığı su ile karıştırın ve 5 dakika bekletin.

b) Bir sos tavasında ağır krema, şeker, tuz ve vanilya özünü karıştırın. Orta ateşte şeker tamamen eriyene kadar yaklaşık 5 dakika (sürekli karıştırarak) pişirin. Kaynatmanıza gerek yok, ancak tüm malzemeleri birbirine karıştıracak kadar ısıtın.

c) Ocağı kapatın ve çözünmüş jelatini karışıma ekleyin, iyice karışana kadar çırpın.

d) 2 su bardağı süzme yoğurdu ekleyin ve pürüzsüz bir kıvam alana kadar iyice karıştırın.

e) Bu karışımı 4 bardağa bölün ve birkaç saat buzdolabında bekletin.

HURMA PÜRESİ:
f) Bir sos tavasında hurma püresi şekerini karıştırın ve kaynatın ve yaklaşık 3-4 dakika pişirin.

g) Nişastayı 3 yemek kaşığı suyla karıştırıp sosa ekleyin. Bir dakika kadar iyice karıştırdıktan sonra altını kapatın. Sosu soğumaya bırakın ve soğutulmuş Panna Cotta'nın üzerine kaşıkla dökün.

h) Plastik ambalajla örtün ve birkaç saat daha soğutun.

i) Tatlıyı servis etmeden önce üzerine kıyılmış hurma ve nane yaprağı serpin.

58. Trabzon hurması panna cotta

4 porsiyon

İÇİNDEKİLER:
- 400 ml krem şanti
- 1/3 su bardağı şeker veya damak zevkinize göre
- 3 çay kaşığı jelatin veya Ager Ager
- Trabzon hurması püresi için
- 1/4 su bardağı su
- 2 orta boy hurma
- 2 çay kaşığı Ager Ager veya jelatin

TALİMATLAR:
a) Küçük bir tavada 350 ml krem şantiyi ısıtın. Şekeri eleyerek yavaşça karıştırın.

b) Ayrı bir kapta agar agarı 50 ml ılık krem şanti ile iyice karıştırın şimdi bu karışımı tavadaki kremalı karışıma ekleyin 2 dk. Biraz soğumaya bırakın.

c) Kenarlarına kadar 4 bardağa doldurun ve panna cotta'yı yaklaşık bir saat buzdolabında soğumaya bırakın.

d) Trabzon hurmasını kesin ve derisini soyun. Gerekirse püre haline gelene kadar su ile karıştırın.

e) 2 tatlı kaşığı Agar tozunu 25 ml ılık suda eritip hurma püresine ekleyin. İyice karıştırın.

f) Bardaklarda kalan boşluğu hurma püresi ile doldurun. Buzdolabında yaklaşık 2 ila 4 saat veya tamamen katılaşana kadar bekletin.

59. Muhallebi ve Karpuz Panna cotta

Yapar: 4 porsiyon

İÇİNDEKİLER:
- 500 ml süt
- 1 yemek kaşığı kabartma tozu -
- Şeker - zevkinize göre
- Karpuz - 1 büyük kase, çekirdeksiz ve parçalara ayrılmış
- 1/2 kaşık kaya tuzu
- 1 yemek kaşığı nane yaprağı
- 1 kaşık limon suyu

TALİMATLAR:
a) 1/2 su bardağı sütü alın, muhallebi tozunu ekleyin ve iyice karıştırın.
b) Sütü kaynatın, muhallebi sütü ve şekeri ekleyin.
c) 5 dakika sonra gazı kapatın.
d) Karışımı soğutun.
e) 4 bardak alın, muhallebi sütü ekleyin ve 4-5 saat dondurucuda bekletin.
f) Bir kavanoz alın, Karpuz parçaları, kaya tuzu, nane yaprakları ve limon suyu ekleyin ve yumuşatın.
g) Şimdi bu karışımı muhallebi süt bardaklarına ekleyin ve 4-5 saat dondurucuda bekletin.
h) Nane yapraklarıyla süsleyip soğuk servis yapın.

60. Panna Cotta ile Jöle içinde Armut Kompostosu

Yapar: 8 porsiyon

İÇİNDEKİLER:
JÖLELİ ARMUT KOMPOTASI:
- 2 Asya armut
- 200 ml Beyaz şarap
- 60 gram Şeker
- 10 ml Limon suyu
- 2 gram Jelatin levhalar

PANNA COTTA
- 200 ml Ağır krema
- 200 ml Süt
- 30 gram Şeker
- 30 gram Bal
- 6 gram Jelatin levhalar

TALİMATLAR:
Armut kompostosu yapın
a) Armutları 16 dilime bölün ve malzemelerle birlikte bir tencereye koyun. Yüksek ateşte pişirmeye başlayın.
b) Beyaz şaraptaki alkolün buharlaşması için kaynatın, ardından armutlar yarı saydam hale gelene kadar orta ateşte pişirin. Herhangi bir pisliği de sıyırın.
c) Armutlar birkaç dakika içinde yarı saydam hale gelecektir. Ateşi kapatın ve tavada soğumaya bırakın.
d) Oda sıcaklığına soğuduğunda, haşlama sıvısı ile armutları bir saklama kabına aktarın ve buzdolabında soğutun.
Panna cotta'nın yapılışı:
e) Panna cotta için 6 gr jelatin yaprağı yaklaşık 20 dakika suda bekletin.
f) Malzemeleri orta ateşte ısıtın. Şeker tamamen eriyene kadar karıştırmaya devam edin ve altını kapatın. Kesinlikle kaynamasına izin vermeyin.
g) Islatılmış jelatin yapraklarını panna cotta karışımına ekleyin ve jelatini tamamen çözün. Karışımı bardaklara süzün.

h) Kapaklarla örtün ve buzdolabında donana kadar soğutun.
Jöleyi yap:
i) Armut kompostosundan şurubu ısıtın; kaynamasına izin vermeyin. Önceden suda ıslatılmış jöle için ayrılan 2 gr jelatin yapraklarını ekleyin.
j) Bir kaba dökün ve katılaşana kadar buzdolabında bekletin.
k) Armut kompostosunu panna cottanın üzerine yerleştirin. Bitirmek için üstüne jöle ekleyin.
l) Armut kompostosu başlı başına lezzetlidir elbette.

61. karamel soslu panna cotta

Yapar: 6 Porsiyon
İÇİNDEKİLER::
- 1 su bardağı Şeker
- 1 su bardağı Su; yada daha fazla
- 1 su bardağı Su
- 2 yemek kaşığı Su
- 4 çay kaşığı tatlandırılmamış jelatin
- 5 su bardağı krem şanti
- 1 bardak Süt
- 1 su bardağı Pudra şekeri
- 1 vanilya çekirdeği; uzunlamasına bölünmüş

TALİMATLAR:
SOS İÇİN:
a) 1 su bardağı şeker ve ½ su bardağı suyu ağır orta boy sos tavasında kısık ateşte birleştirin. Şeker eriyene kadar karıştırın. Isıyı artırın ve şurup kehribar rengine dönene kadar karıştırmadan kaynatın, ara sıra tavayı döndürün ve ıslak pasta fırçasıyla kenarlarını aşağı doğru fırçalayın, yaklaşık 8 dakika. Tavayı ısıdan çıkarın.
b) ½ su bardağı suyu dikkatlice ekleyin. Tavayı ısıtın ve kaynatın, karamel parçalarını çözmek için yaklaşık 2 dakika karıştırın.
c) Serin.

PUDING İÇİN:
d) 2 yemek kaşığı suyu küçük bir kaseye dökün. Jelatin serpin. Yumuşayana kadar yaklaşık 10 dakika bekletin. Ağır büyük tencerede krema, süt ve şekeri karıştırın. Vanilya fasulyesinden tohumları kazıyın; fasulye ekleyin.
e) Sık sık karıştırarak kaynatın. Ateşten alın. Jelatin karışımı ekleyin ve çözünmesi için karıştırın. Vanilya çubuğunu çıkarın. Karışımı kaseye aktarın. Kaseyi daha büyük buzlu su kasesinin üzerine yerleştirin. Soğuyana kadar ara sıra karıştırarak yaklaşık 30 dakika bekletin. Pudingi altı adet 10 onsluk muhallebi bardağı arasında eşit olarak bölün. Örtün ve gece boyunca soğutun.
f) Pudingleri kalıptan çıkarıp tabaklara alın. Karamel sos gezdirip servis yapın.

62. Çikolatalı Panna Cotta

Yapar: 5 porsiyon

İÇİNDEKİLER::
- 500 ml yoğun krema
- 10 gr jelatin
- 70 gr siyah çikolata
- 2 yemek kaşığı yoğurt
- 3 yemek kaşığı şeker
- bir tutam tuz

TALİMATLAR:
a) Az miktarda kremada jelatini ıslatın.
b) Küçük bir sos tenceresine kalan kremayı dökün. Şeker ve yoğurdu ara sıra karıştırarak kaynatın ama kaynatmayın. Tavayı ocaktan alın.
c) Çikolata ve jelatini tamamen eriyene kadar karıştırın.
d) Kalıpları hamurla doldurun ve 2-3 saat soğutun.
e) Panna cotta'yı kalıptan çıkarmak için tatlıyı çıkarmadan önce birkaç saniye sıcak su altında çalıştırın.
f) Zevkinize göre süsleyin ve servis yapın!

63. Karamelli muhallebi

Yapar: 1 Porsiyon

İÇİNDEKİLER:
- ½ su bardağı toz şeker
- 1 çay kaşığı Su
- 4 yumurta sarısı veya 3 tam yumurta
- 2 su bardağı Süt, haşlanmış
- ½ çay kaşığı vanilya özü

TALİMATLAR:

a) Büyük bir tavada 6 yemek kaşığı şeker ve 1 su bardağı suyu birleştirin. Yanmasını önlemek için şeker altın rengine dönene kadar ara sıra bir tahta kaşıkla sallayarak veya döndürerek kısık ateşte ısıtın.

b) Karamel şurubunu mümkün olan en kısa sürede sığ bir pişirme kabına (8x8 inç) veya turta tabağına dökün. Sertleşene kadar soğumaya bırakın.

c) Fırını 325 derece Fahrenheit'e ısıtın.

d) Yumurta sarılarını veya bütün yumurtaları birlikte çırpın. Tamamen birleştirilene kadar süt, vanilya özü ve kalan şekeri karıştırın.

e) Üzerine soğuyan karameli dökün.

f) Pişirme kabını sıcak su banyosuna yerleştirin. 1-112 saat veya merkez ayarlanana kadar pişirin. Harika, harika, harika.

g) Servis yapacağınız zaman servis tabağına ters çevirin.

64. İtalyan pişmiş şeftali

Yapar: 1 Porsiyon

İÇİNDEKİLER:
- 6 olgun şeftali
- ⅓ su bardağı Şeker
- 1 su bardağı çekilmiş badem
- 1 yumurta sarısı
- ½ çay kaşığı Badem özü
- 4 yemek kaşığı Tereyağı
- ¼ fincan dilimlenmiş badem
- Ağır krema, isteğe bağlı

TALİMATLAR:
a) Fırını 350 derece Fahrenheit'e önceden ısıtın. Şeftali durulanmalı, ikiye bölünmeli ve çekirdekleri çıkarılmalıdır. Bir mutfak robotunda, şeftali yarımlarından 2 tanesini püre haline getirin.
Bir karıştırma kabında püre, şeker, öğütülmüş badem, yumurta sarısı ve badem özünü birleştirin. Pürüzsüz bir macun yapmak için, tüm malzemeleri bir karıştırma kabında birleştirin.
b) Dolguyu her bir yarım şeftalinin üzerine dökün ve doldurulmuş şeftali yarımlarını tereyağlı bir fırın tepsisine yerleştirin.
c) 45 dakika pişirmeden önce dilimlenmiş badem serpin ve kalan tereyağını şeftalilerin üzerine fırçalayın.
d) Yanında kaymak veya dondurma ile sıcak veya soğuk servis yapın.

65. ballı puding

Yapar: 6 porsiyon

İÇİNDEKİLER:
- ¼ bardak Tuzsuz tereyağı
- 1½ su bardağı Süt
- 2 büyük Yumurta; hafif çırpılmış
- 6 dilim Beyaz köy ekmeği; yırtık
- ½ fincan Şeffaf; ince bal artı
- 1 yemek kaşığı Şeffaf; ince bal
- ½ su bardağı Sıcak su; artı
- 1 yemek kaşığı Sıcak su
- ¼ çay kaşığı öğütülmüş tarçın
- ¼ çay kaşığı vanilya

TALİMATLAR:

a) Fırını 350 dereceye ısıtın ve 9 inçlik bir cam pasta tabağını yağlamak için biraz tereyağı kullanın. Süt ve yumurtaları birlikte çırpın, ardından ekmek parçalarını ekleyin ve eşit şekilde kaplamak için çevirin.

b) Ekmeği bir veya iki kez çevirerek 15 ila 20 dakika bekletin. Büyük bir yapışmaz tavada kalan tereyağını orta ateşte ısıtın.

c) Islatılmış ekmeği tereyağında altın rengi olana kadar her iki tarafta yaklaşık 2 ila 3 dakika kızartın. Ekmeği fırın tepsisine aktarın.

d) Bir kapta bal ve sıcak suyu birleştirin ve karışım eşit şekilde karışana kadar karıştırın.

e) Tarçın ve vanilyayı ekleyip karıştırın ve karışımı ekmeğin üzerine ve etrafına gezdirin.

f) Yaklaşık 30 dakika veya altın kahverengi olana kadar pişirin.

66. Dondurulmuş Bal Semifreddo

Yapar: 8 porsiyon

İÇİNDEKİLER:

- 8 ons ağır krema
- 1 çay kaşığı vanilya özü
- ¼ çay kaşığı gül suyu
- 4 büyük yumurta
- 4 ½ ons bal
- ¼ çay kaşığı artı ⅛ çay kaşığı koşer tuzu
- Dilimlenmiş meyve, kızarmış fındık, kakao parçacıkları veya traşlanmış çikolata gibi soslar

TALİMATLAR:

a) Fırını 350 ° F'ye ısıtın. 9'a 5 inçlik bir somun tepsisini plastik sargı veya parşömen kağıdı ile hizalayın.

b) Semifreddo için, çırpma aparatlı bir stand mikserin kasesinde krema, vanilya ve gül suyunu katılaşana kadar çırpın.

c) Ayrı bir kaseye veya tabağa aktarın, üzerini kapatın ve kullanıma hazır olana kadar soğutun.

d) Bir stand mikserinin kasesinde, yumurtaları, balı ve tuzu birlikte çırpın. Karıştırmak için, her şeyi birlikte karıştırmak için esnek bir spatula kullanın.

e) Paslanmaz çelik bir leğende, 165°F'ye kadar ısınana kadar, yaklaşık 10 dakika, esnek bir spatula ile düzenli olarak döndürerek ve kazıyarak pişirin.

f) Karışımı, 165°F'ye ulaştığında bir çırpma ataşmanı takılmış bir stand miksere aktarın. Yumurtaları köpürene kadar yüksek devirde çırpın.

Hazırladığınız kremşantinin yarısını elinizle hafifçe çırpın. Kalan malzemeleri ekleyin, hızlıca çırpın ve ardından esnek bir spatula ile iyice karışana kadar karıştırın.

g) Hazırlanan somun tepsisine kazıyın, sıkıca kapatın ve 8 saat veya dilimlenecek kadar katılaşana kadar veya iç sıcaklık 0°F'ye ulaşana kadar dondurun.

h) Semifreddo'yu servis etmek için soğutulmuş bir tabağa ters çevirin.

67. Zabaglione

Yapar: 4

İÇİNDEKİLER:
- 4 yumurta sarısı
- ¼ su bardağı şeker
- ½ fincan Marsala Dry veya diğer sek beyaz şarap
- birkaç dal taze nane

TALİMATLAR:
l) Isıya dayanıklı bir leğende, sarıları ve şekeri açık sarı ve parlak olana kadar çırpın. Marsala daha sonra çırpılmalıdır.

m) Yarısına kadar su dolu orta boy bir tencereyi düşük kaynama noktasına getirin. Tencerenin üzerindeki ısıya dayanıklı kapta yumurta/şarap karışımını çırpmaya başlayın.

n) Sıcak su üzerinde elektrikli çırpıcı (veya bir çırpma teli) ile 10 dakika dövmeye devam edin.

o) Pişirme süresi boyunca karışımın 160°F'ye ulaşmasını sağlamak için anında okunan bir termometre kullanın.

p) Ateşten alın ve taze nane yapraklarıyla süsleyerek hazırladığınız meyvenin üzerine zabaglione koyun.

q) Zabaglione, dondurmanın üzerinde veya tek başına servis edildiğinde eşit derecede lezzetlidir.

68. Affogato

Yapar: 1

İÇİNDEKİLER:
- 1 top vanilyalı dondurma
- 1 shot Espresso
- İsteğe bağlı bir damla çikolata sosu

TALİMATLAR:
a) Bir bardağa bir top vanilyalı dondurma ve 1 shot espresso koyun.
b) Sert!

69. Yulaf ezmeli tarçınlı dondurma

Yaklaşık 1 litre yapar

İÇİNDEKİLER:
- Boş Dondurma Tabanı
- 1 su bardağı yulaf
- 1 yemek kaşığı öğütülmüş tarçın

TALİMATLAR:
a) Boş tabanı talimatlara göre hazırlayın.
b) Orta ateşte küçük bir tavada yulaf ve tarçını birleştirin. Tost, düzenli olarak karıştırarak, 10 dakika veya kızarana ve aromatik olana kadar.
c) Demlemek için, kavrulmuş tarçın ve yulafı ocaktan alınca tabana ekleyin ve yaklaşık 30 dakika demlenmesini bekleyin. Bir kasenin üzerine yerleştirilmiş bir süzgeç kullanarak; Katıları süzün, mümkün olduğu kadar çok aromalı krema elde ettiğinizden emin olmak için bastırın. Biraz yulaf ezmesi gelebilir, ama sorun değil - çok lezzetli! Yulaf ezmesi katılarını yulaf ezmesi tarifi için ayırın!
d) Emilim nedeniyle karışımın bir kısmını kaybedeceksiniz, bu nedenle bu dondurmadaki Makes normalden biraz daha az olacaktır.

e) Karışımı bir gece buzdolabında bekletin. Dondurmayı yapmaya hazır olduğunuzda, pürüzsüz ve kremsi olana kadar tekrar bir daldırma blenderi ile karıştırın.
f) Bir dondurma makinesine dökün ve üreticinin talimatlarına göre dondurun. Hava geçirmez bir kapta saklayın ve gece boyunca dondurun.

70. Çift Çikolatalı Gelato

Yapar: 4-6

İÇİNDEKİLER:
- ½ fincan ağır krema
- 2 bardak süt
- ¾ su bardağı şeker
- ¼ çay kaşığı tuz
- 7 ons yüksek kaliteli bitter çikolata
- 1 çay kaşığı vanilya özü
- Hindistan cevizi yağı

TALİMATLAR:
a) İlk adım, çikolatayı eriterek ve ardından biraz soğutarak yapılır. Süt, krema ve tereyağını bir kaseye koyun ve iyice birleşene kadar karıştırın.

b) Bir çırpma teli ve tuz kullanarak şekeri karıştırın. Yaklaşık 4 dakika şeker ve tuz eriyene kadar çırpmaya devam edin. Daha sonra vanilya özü ile karıştırın.

c) Son olarak, iyice birleşene kadar çikolatayı karıştırın. Malzemeleri dondurma makinenize dökün ve 25 dakika çalkalayın.

d) Gelatoyu hava geçirmez bir kaba koyun ve arzu edilene kadar 2 saate kadar dondurucuda bekletin.d tutarlılığa ulaşılır.

71. Vişne-Çilekli Gelato

Yapar: 4-6

İÇİNDEKİLER:
- ½ fincan ağır krema
- 2 bardak süt
- ¾ su bardağı şeker
- Hindistan cevizi yağı
- 1 su bardağı dilimlenmiş çilek
- 1 yemek kaşığı vanilya özü

TALİMATLAR:
a) Bir blender kullanarak çileği iyice püre haline getirin. Süt, krema ve tereyağını bir kaseye koyun ve iyice birleşene kadar karıştırın. Bir çırpma teli kullanarak şekeri karıştırın.

b) Yaklaşık 4 dakika şeker eriyene kadar çırpmaya devam edin. Daha sonra vanilya özü ve çilek püresini karıştırın.

c) Malzemeleri dondurma makinenize dökün ve 25 dakika çalkalayın.

d) Gelatoyu hava geçirmez bir kaba koyun ve istenilen kıvama gelene kadar 2 saate kadar dondurucuda bekletin.

72. Prosciutto ile tereyağlı kruvasan katmanları

Yapar: 8

İÇİNDEKİLER:
- 3 yemek kaşığı tuzlu tereyağı, ince dilimlenmiş, artı yağlamak için daha fazlası
- 6 kruvasan, kabaca üçe bölünmüş
- 8 büyük yumurta
- 3 su bardağı tam yağlı süt
- 1 yemek kaşığı Dijon hardalı
- 1 yemek kaşığı kıyılmış taze adaçayı
- ¼ çay kaşığı taze rendelenmiş hindistan cevizi
- Kaşar tuzu ve taze çekilmiş karabiber
- 12 ons donmuş ıspanak, çözülmüş ve kuru sıkılmış
- 1½ su bardağı rendelenmiş Gouda peyniri
- 1½ su bardağı rendelenmiş Gruyère peyniri
- 3 ons ince dilimlenmiş prosciutto, yırtılmış

TALİMATLAR:

a) Fırını 350 ° F'ye ısıtın. 9 × 13 inçlik bir pişirme kabını yağlayın.

b) Kruvasanları fırın tepsisinin dibine dizin ve üzerlerini dilimlenmiş tereyağı ile kaplayın. Hafifçe kızarana kadar 5 ila 8 dakika pişirin. Çıkarın ve artık dokunulamayacak kadar sıcak olana kadar yaklaşık 10 dakika tavada soğumaya bırakın.

c) Orta boy bir kapta yumurta, süt, hardal, adaçayı, hindistan cevizi ve bir tutam tuz ve karabiberi birlikte çırpın. Ispanağı ve her bir peynirin ¾ fincanını karıştırın. Karışımı, kızartılmış kruvasanların üzerine eşit şekilde dağıtarak dikkatlice dökün. Kalan peyniri üstüne koyun ve prosciuttoyu ekleyerek bitirin. Örtün ve en az 30 dakika veya gece boyunca soğutun.

d) Pişirmeye hazır olduğunuzda, tabakaları buzdolabından çıkarın ve fırını önceden 350°F'ye ısıtın.

e) Tabakaların merkezi ayarlanana kadar yaklaşık 45 dakika pişirin. Kruvasanlar, tabakaların pişmesi bitmeden kahverengileşmeye başlarsa üzerlerini folyo ile örtün ve pişirmeye devam edin.

f) Tabakaları fırından çıkarın ve servis yapmadan önce 5 dakika soğumaya bırakın.

73. Balzamik şeftali ve brie tart

Yapar: 6

İÇİNDEKİLER:
- 1 yaprak donmuş puf böreği, çözülmüş
- ⅓ su bardağı Limonlu Fesleğen Pesto
- 1 (8 ons) tekerlek Brie peyniri, kabuğu çıkarılmış ve dilimlenmiş
- 2 olgun şeftali, ince dilimlenmiş
- Sızma zeytinyağı
- Kaşar tuzu ve taze çekilmiş karabiber
- 3 ons ince dilimlenmiş prosciutto, yırtılmış
- ¼ fincan balzamik sirke
- 2 ila 3 yemek kaşığı bal
- Servis için taze fesleğen yaprağı

TALİMATLAR:
a) Fırını 425 ° F'ye ısıtın. Kenarlı bir fırın tepsisini parşömen kağıdı ile hizalayın.
b) Milföy hamurunu temiz bir çalışma yüzeyinde 1/8 inç kalınlığa kadar yavaşça açın ve hazırlanan fırın tepsisine aktarın. Hamurun her yerine bir çatalla delin, ardından pestoyu hamurun üzerine eşit bir şekilde yayın ve ½ inçlik bir kenarlık bırakın.
c) Brie ve şeftalileri pestonun üzerine yerleştirin ve hafifçe zeytinyağı gezdirin. Tuz ve karabiberle tatlandırın ve prosciutto ile süsleyin.
d) Hamurun kenarlarını biberle serpin.
e) Hamur işi altın olana ve prosciutto gevrek olana kadar 25 ila 30 dakika pişirin.
f) Bu arada, küçük bir kasede sirke ve balı birlikte çırpın.
g) Tartı fırından çıkarın, üzerine fesleğen yapraklarını koyun ve bal karışımını gezdirin. Parçalara ayırın ve sıcak servis yapın.

74. Soğan ve prosciutto tart

Yapar: 8 Porsiyon

İÇİNDEKİLER:
- ½ pound Puf böreği
- 4 büyük Soğan; kıyılmış
- 3 ons Prosciutto; doğranmış
- ½ çay kaşığı Kekik
- ½ çay kaşığı Biberiye
- 2 yemek kaşığı zeytinyağı
- Yağda 12 iri siyah zeytin; Çukurlu
- Taze çekilmiş karabiber
- Gerekirse tuz
- 1 yumurta

TALİMATLAR:

a) Soğanları şeffaf olana kadar otlar ile yağda kızartın. Prosciutto ekleyin ve 3 dakika pişirin. Biberle tatlandırın ve tuzunu kontrol edin. Sakin olmak.

b) Hamuru 11"x 9'luk bir dikdörtgen şeklinde açın. Kenarları yapmak için 4 şerit hamur kesin ve dikdörtgenin kenarlarına bastırın.

c) Çerez kağıdına aktarın ve kenarlarını çırpılmış yumurta ile yağlayın. ½ saat soğutun. Fırını 425 dereceye ısıtın. Hazırlanan hamurun üzerine soğan karışımını yayın. 30 dakika pişirin.

d) Isıyı 300 dereceye düşürün, tartı dilimlenmiş zeytinlerle süsleyin ve 15 dakika daha pişirmeye devam edin.

75. **Prosciutto zeytin domatesli ekmek**

Yapar: 1 Porsiyon

İÇİNDEKİLER:
- 1 lb somun, 1 1/2 lb somun
- 1 su bardağı su
- 2 yemek kaşığı bitkisel yağ
- ⅓ su bardağı olgun domates
- ⅓ su bardağı zeytin, çekirdeksiz alfonse veya diğer şarapla kurutulmuş zeytinler
- ⅓ bardak prosciutto, rendelenmiş
- 2 çay kaşığı şeker
- ½ çay kaşığı adaçayı
- 1 çay kaşığı tuz
- ⅓ su bardağı çavdar unu
- 1½ su bardağı tam buğday unu
- 1½ su bardağı ekmeklik un
- 1½ çay kaşığı maya

TALİMATLAR:
a) Üreticinin talimatlarına göre pişirin.

76. Prosciutto-turuncu popovers

Yapar: 6 Porsiyon

İÇİNDEKİLER:
- 1 su bardağı Un
- ¼ çay kaşığı Tuz
- 1 bardak Süt
- 2 yumurta; hafif çırpılmış
- 1 yemek kaşığı Erimiş margarin
- 2 dilim Prosciutto; ekstra yağdan arındırılmış; ince doğranmış
- 1 büyük portakal; ince rendelenmiş kabuğu

TALİMATLAR:
a) Tavayı fırına koyun ve önceden 450 dereceye ısıtın. Tavayı ısınır ısınmaz fırından çıkarın.
b) Un ve tuzu birlikte karıştırın. Süt, yumurta ve eritilmiş margarini karışım pürüzsüz olana kadar çırpın. Aşırıya kaçmayın. Prosciutto ve portakal kabuğunu karıştırın.
c) Yağlı kağıt serili fırın tepsisine harcı dökün ve önceden ısıtılmış fırında 15 dakika pişirin. Isıyı 350 dereceye getirin ve kabarıp kızarana kadar 15-20 dakika pişirmeye devam edin. Popover'lar söneceğinden, pişirme süresi boyunca fırının kapağını asla açmayın.
d) Fırından çıkarın ve her popover'ın etrafında bir bıçak gezdirin.
e) Tavadan çıkarın ve her birini bir bıçakla delin.

77. şekerlenmiş Prosciutto

İÇİNDEKİLER:
- 3 su bardağı şeker
- 1 1/2 bardak Prosciutto di Parma dilimleri, doğranmış

TALİMATLAR:
a) Orta boy bir tencerede şekeri yavaş yavaş eritin, prosciutto ekleyin ve 3 dakika karıştırın.
b) Karışımı, üzerine mum veya parşömen kağıdı serilmiş bir tepsiye yayın.
c) Soğumaya bırakın ve parçalamak için parçalayın.

78. **Mozzarella ve prosciutto patates keki**

Yapar: 6

İÇİNDEKİLER:
- Mozzarella ve prosciutto patates keki
- 1/2 su bardağı (35g) taze galeta unu
- 900 gram soyulmuş patates
- 1/2 su bardağı (125ml) sıcak süt
- 60 gram tereyağı, küpler halinde kesilmiş
- 2/3 su bardağı (50 gr) rendelenmiş parmesan
- 2 yumurta
- 1 yumurta sarısı
- 1 su bardağı (100 gr) rendelenmiş mozzarella
- 100 gram prosciutto, doğranmış
- bebek roketi, hizmet etmek

TALİMATLAR:
a) Fırını çok sıcak, 200°C'ye (fanlı 180°C) önceden ısıtın.

b) 20 cm'lik kelepçeli bir kalıbı tereyağı ile yağlayın; tabanı ekmek kırıntılarının üçte biri ile serpin.

c) Patatesleri kaynar tuzlu suda yumuşayana kadar 15 dakika pişirin. Boşaltmak; kuruyana kadar 1 dakika tavaya dönün.

d) Patatesleri ezin, süt ve yağın yarısını ekleyin. Parmesan, yumurta ve yumurta sarısını karıştırın; mevsim.

e) Hazırlanan tavayı patates karışımının yarısı ile yayın. Mozzarella ve prosciutto ile kaplayın; kalan patates karışımı ile doldurun. Kalan tereyağı ile nokta; kalan ekmek kırıntılarını serpin.

f) Altın ve ılık olana kadar 30 dakika pişirin; keki 10 dakika bekletin. Dilimleyip roka ile servis yapın.

79. Prosciutto ile Yeşil Bezelye Panna Cotta

Yapar: 8-10 porsiyon

İÇİNDEKİLER
YEŞİL PEA PANNA COTTA:
- Kanola veya diğer nötr yağdan pişirme spreyi
- 1 yemek kaşığı. agar agar gevreği
- 1 küçük kereviz sapı, parçalar halinde kesilmiş
- 2 "taze biberiye dalı
- 1 defne yaprağı
- 1/2 çay kaşığı. bütün karabiber
- 1/4 çay kaşığı. bütün yenibahar meyveleri
- 2 dal düz yapraklı İtalyan maydanozu
- Tatmak için sofra tuzu
- 2 su bardağı yeşil bezelye
- 1/4 c. yoğun krema
- 2 yemek kaşığı brie peyniri
- Acı biber, tatmak
- Zevkinize biber
- Garnitür için mikro yeşillikler veya kereviz yeşillikleri

PROSCIUTTO CİPSLERİ:
- 4 ince dilim Prosciutto de Parma

YEŞİL PEA PANNA COTTA:
a) Fırını ortada bir raf ile 400º F'ye ısıtın. Çerçeveli bir fırın tepsisini folyo ile hizalayın. 12 fincanlık mini muffin kalıbının kaplarını pişirme spreyi ile hafifçe kaplayın ve bir kenara koyun.

b) Küçük bir tencerede 1-3/4 su bardağı su, agar agar, kereviz, biberiye, defne yaprağı, karabiber, yenibahar meyveleri, maydanoz ve 1/4 çay kaşığı sofra tuzunu birleştirin. Yüksek ateşte kaynamaya getirin, ara sıra tavanın altını kazıyın, ardından ısıyı düşük seviyeye indirin. Agar agar yerleşmeyi sevdiğinden, yaklaşık 6-8 dakika erimiş gibi görünene kadar ara sıra tavanın altını kazımaya devam edin.

c) Bir karıştırıcıya bezelye ekleyin ve püre haline getirin. Agar agar suyunu ince gözenekli bir süzgeçten geçirerek blendere süzün.

Hacmi 2 bardağın biraz üzerine çıkarmak için yoğun krema, brie, bir veya iki tutam kırmızı biber ve ilave su ekleyin.

d) Pürüzsüz olana kadar karıştırın, gerekirse blenderin kenarlarını kazıyın. Tatlandırın ve tuz, beyaz biber ve istenirse ek kırmızı biber ile baharatı ayarlayın, tamamen birleştirmek için kısa bir süre karıştırın. Hazırladığınız karışımı 12 adet muffin kalıbına eşit olarak paylaştırın.

e) Yerleşmek ve oluşmuş olabilecek hava kabarcıklarının giderilmesine yardımcı olmak için tavaya birkaç kez dokunun. Agar agarın katılaşması için yaklaşık bir saat bekletin.

f) Servis sırasında panna cotta'nın kenarına ince bir bıçak gezdirin ve her birini dışarı çıkarın.

PROSCIUTTO CİPSLERİ:

g) Fırını 250 ° F'ye önceden ısıtın.

h) 1 inçlik yuvarlak bir kesici kullanarak prosciutto'nun çevrelerini kesin. Parşömen kağıdı serili bir tepsiye dizin ve üzeri kızarana kadar 10-15 dakika pişirin. Garnitür için ayırın.

TOPLANTI:

i) Panna cottayı tepsiye dizin.

j) Aioli üzerine bir prosciutto diski yerleştirin.

k) Mikro yeşillikler veya kereviz yeşillikleri ile süsleyin.

80. Chia Tohumlu Limonlu Gelato

İÇİNDEKİLER:

- 4 limonun rendelenmiş kabuğu ve suyu
- ¾ su bardağı şeker
- yarım bardak
- büyük yumurta sarısı
- 1¼ su bardağı ağır krema
- ⅔ su bardağı chia tohumu

TALİMATLAR:

a) Bir mutfak robotunda, kabuktan yağları çıkarmak için limon kabuğu rendesini ve şekeri yaklaşık 5 kez vurun. Kireç şekerini bir kaseye aktarın.

b) Büyük bir kaseyi kısmen buz ve suyla doldurun, orta boy bir kaseyi buzlu suya yerleştirin ve üstüne ince gözenekli bir süzgeç yerleştirin.

c) Bir tencerede, ½ fincan limon şekeri ve yarım buçuk birleştirin. Orta ateşte kaynamaya getirin, şekeri eritmek için karıştırın.

d) Bu arada, kasede kalan limon şekerine yumurta sarılarını ekleyin ve birleştirmek için çırpın.

e) Sıcak yarım buçuk karışımının yaklaşık yarısını sürekli çırparak yavaş yavaş sarılara ekleyin, ardından bu karışımı tenceredeki yarım buçuk içine çırpın.

f) Muhallebi, kaşığın arkasını kaplayacak kadar kalınlaşana kadar yaklaşık 5 dakika sürekli karıştırarak pişirin.

g) Muhallebiyi süzgeçten geçirerek hazırlanan kaseye dökün ve soğuyana kadar karıştırın.

h) Limon suyu, krema ve chia tohumlarını karıştırın. Kaseyi buz banyosundan çıkarın, örtün ve muhallebi soğuyana kadar, en az 2 saat veya 4 saate kadar buzdolabında saklayın.

i) Üreticinin talimatlarına göre bir dondurma makinesinde dondurun ve çalkalayın. Yumuşak bir kıvam için dondurmayı hemen servis edin; daha sıkı bir kıvam için bir kaba aktarın, üzerini kapatın ve dondurucuda 2-3 saat sertleşmeye bırakın.

81. Çikolatalı ve vişneli dondurma kapısı

İÇİNDEKİLER:

- 1 su bardağı (2 çubuk) tuzsuz tereyağı
- 1 su bardağı çok ince şeker
- 1 çay kaşığı. saf vanilya özü
- 4 yumurta, çırpılmış
- 2 su bardağı eksik 1 tepeleme yemek kaşığı. çok amaçlı un
- 1 tepeleme yemek kaşığı. şekersiz kakao tozu
- 1 ½ çay kaşığı. kabartma tozu
- 4 su bardağı çekirdekleri çıkarılmış ve doğranmış kiraz
- ½ bardak kızılcık suyu
- 3 yemek kaşığı açık kahverengi şeker
- ½ yemek tarifilüks vanilyalı gelato
- 1 su bardağı ağır krema, hafifçe çırpılmış
- üzeri için birkaç kiraz
- çikolata bukleler

TALİMATLAR:

a) Fırını 350°F'ye (180°C) önceden ısıtın. 7 inçlik yay biçimli veya gevşek tabanlı derin bir kek tepsisini hafifçe yağlayın. Tereyağı, şeker ve vanilyayı soluk ve kremsi olana kadar çırpın.

b) Yumurtaların yarısını yavaşça çırpın, ardından iyice karışana kadar kuru malzemeleri diğer yumurtalarla dönüşümlü olarak yavaş yavaş ekleyin. Hazırlanan kek kalıbına kaşıklayın, üstünü düzleştirin ve dokunulduğunda sertleşene kadar 35 ila 40 dakika pişirin.

c) Tavada soğutun, ardından çıkarın, folyoya sarın ve dilimlemeyi kolaylaştırmak için gerçekten soğuyana kadar buzdolabında saklayın.

d) Kirazları kızılcık suyu ve esmer şekerle birlikte küçük bir tencereye koyun. Orta ateşte yumuşayana kadar pişirin. Soğuması için bir kenara koyun, ardından gerçekten soğuyana kadar soğutun. Vanilyalı gelatoyu kaşıkla alınabilir bir kıvama gelinceye kadar hazırlayın.

e) Uzun bir bıçakla pastayı üç eşit katmana kesin. 7 inçlik kek tepsisine bir kat yerleştirin ve üzerine kirazların yarısını ve meyve suyunun üçte birini ekleyin. Bir gelato tabakası ve ardından ikinci kek tabakası ile kaplayın. Kirazların geri kalanını ekleyin, ancak suyunun tamamını değil (kalan suyu üçüncü kek tabakasının alt tarafını nemlendirmek için kullanın).

f) Gelatonun geri kalanı ve son kek tabakası ile kaplayın.

g) İyice bastırın, plastik örtü ile örtün ve gece boyunca dondurun. (İstenirse pasta 1 aya kadar buzlukta saklanabilir.)

82. çikolata bombası

İÇİNDEKİLER:

- ½ yemek tarifibitter çikolatalı gelato
- ½ su bardağı krem şanti
- 1 küçük yumurta beyazı
- ⅛ bardak çok ince şeker
- 115 gram. taze ahududu, ezilmiş ve süzülmüş
- 1 yemek tarifiAhududu sosu

TALİMATLAR:

a) Dondurucuda, 3 ½ ila 4 fincanlık bombe kalıbını veya metal kaseyi soğutun. Gelatoyu hazırlayın. Sürülebilir bir kıvama gelince kalıbı buz dolu bir kaseye alın. Kalıbın içini gelato ile kaplayın, kalın ve eşit bir tabaka olduğundan emin olun. Üstü düzleştirin. Kalıbı hemen dondurucuya koyun ve gerçekten sertleşene kadar dondurun.

b) Bu arada kremayı sertleşene kadar çırpın. Ayrı bir kapta, yumurta beyazını yumuşak zirveler oluşana kadar çırpın, ardından şekeri parlak ve sert olana kadar hafifçe çırpın. Krem şanti, yumurta akı ve süzülmüş ahududuları birlikte katlayın ve soğutun. Çikolatalı buz gerçekten sertleştiğinde, ahududu karışımını bombe'nin ortasına kaşıkla koyun.

c) Üstü düzeltin, mumlu kağıt veya folyo ile örtün ve en az 2 saat dondurun.

d) Servis yapmadan yaklaşık 20 dakika önce, bombeyi dondurucudan çıkarın, hava kilidini açmak için ortasından ince bir şiş geçirin ve iç üst kenarın çevresinde bir bıçak gezdirin. Soğutulmuş bir tabağa ters çevirin ve tavayı sıcak bir bezle kısaca silin. Bombanın dışarı çıkıp çıkmayacağını görmek için tavayı bir veya iki kez sıkın veya sallayın; değilse, sıcak bir bezle tekrar silin. Dışarı kaydığında, üst yüzeyi küçük bir palet bıçağıyla düzeltmeniz ve ardından tekrar sertleşmesi için en az 20 dakika boyunca hemen dondurucuya geri dönmeniz gerekebilir.

e) Ahududu sosu ile dilimler halinde keserek servis yapın. Bu bombe, dondurucudaki tavasında 3 ila 4 hafta dayanacaktır.

83. alaska pişmiş ananas

İÇİNDEKİLER:

- 1 6 ila 8 oz. parça mağazadan satın alınan zencefilli kek
- 6 dilim olgun, soyulmuş ananas
- 3 bardaktutti-frutti gelato, yumuşatma
- 3 büyük yumurta akı
- ¾ bardak çok ince şeker
- süslemek için birkaç parça taze ananas

TALİMATLAR:

a) Keki 2 kalın parçaya dilimleyin ve bir fırın tepsisine tekrar kullanılabilir bir kek kalıbının üzerine kare veya daire şeklinde yerleştirin, böylece daha sonra servis tabağına kolayca aktarabilirsiniz.

b) Damlamaları önlemek için 6 ananas dilimini kekin üzerinde üçgen veya dörde bölün. Ananas parçalarını pastanın üzerine yerleştirin ve ardından gelato ile süsleyin. Çok fazla yumuşamışsa dondurmayı tekrar dondurmak için tavayı hemen dondurucuya koyun.

c) Bu arada, yumurta aklarını çok sert olana kadar çırpın, ardından karışım sert ve parlak hale gelene kadar yavaş yavaş şekeri çırpın.

d) Beze karışımını gelatonun her yerine eşit şekilde yayın ve tekrar dondurucuya koyun. Bu, istenirse birkaç gün dondurulabilir.

e) Servis yapmaya hazır olduğunuzda, fırını 230°C'ye (450°F) ısıtın. Fırın tepsisini sıcak fırına sadece 5 ila 7 dakika veya her tarafı altın rengine dönene kadar koyun.

f) Servis tabağına aktarın ve birkaç parça taze ananasla süsleyerek hemen servis yapın.

84. Çikolataya batırılmış dondurmalar

İÇİNDEKİLER:
- 1 yemek tarifi lüks vanilyalı gelato
- 1 yemek tarifi çikolata sosu
- ince kıyılmış fındık veya sprinkles

TALİMATLAR:
a) Dondurmayı çeşitli boyutlarda toplar haline getirin. Onları hemen mumlu kağıda yerleştirin ve gerçekten iyice dondurun.
b) Çikolata sosunu hazırlayın ve soğuyana kadar (soğuk olmayan) serin bir yerde bırakın, ancak koyulaşmayın.
c) Birkaç tepsiyi mumlu kağıtla kaplayın. Bir top dondurmanın ortasına buzlu çubuk sokun ve tamamen kaplayacak şekilde çikolataya batırın. Damlaması bitene kadar çikolata kasesinin üzerinde tutun ve ardından temiz mumlu kağıdın üzerine yerleştirin.
d) Dilerseniz üzerine fındık veya renkli şekerlemeler serpin. Buzları dondurucuya koyun ve gerçekten sertleşene kadar (birkaç saat) bekletin. Kullanılan dondurmanın çeşidine bağlı olarak birkaç hafta dayanacak olsalar da, mümkün olan en kısa sürede yemek daha iyidir.
e) 6–8 yapar (çok küçük bir kaşık kullanıyorsanız daha fazla)

85. kapućino frappe

Yapar: 6

İÇİNDEKİLER:
- 4 yemek kaşığı Kahve likörü
- ½ tarif kahve gelato
- 4 yemek kaşığı ROM
- ½ fincan ağır krema, çırpılmış
- 1 yemek kaşığı. şekersiz kakao tozu, elenmiş

TALİMATLAR:
a) Likörü 6 adet dondurucuya dayanıklı bardak veya fincanın tabanına dökün ve iyice soğutun veya dondurun.
b) Kısmen donana kadar gelatoyu belirtildiği gibi hazırlayın. Daha sonra bir elektrikli karıştırıcı ile romu köpürene kadar çırpın, hemen donmuş likörün üzerine kaşıklayın ve sertleşene ancak sert olmayana kadar tekrar dondurun.
c) Çırpılmış kremayı gelatonun üzerine sıkın.
d) Cömertçe kakao tozu serpin ve tamamen servis yapmaya hazır olana kadar birkaç dakika dondurucuya geri koyun.

86. Gelato ile baharatlı kırmızı şarapta haşlanmış incir

Yapar: 2 Porsiyon

İÇİNDEKİLER:
- 1½ bardak Kuru kırmızı şarap
- 1 yemek kaşığı Şeker (1-2T), tatmak için
- 1 çubuk tarçın
- 3 bütün karanfil
- 3 Bütün taze incir, dörde bölünmüş
- Eşlik olarak vanilya gelato
- İstenirse süslemek için nane dalları

TALİMATLAR:
a) Bir tencerede şarap, şeker, tarçın ve karanfili birleştirin.
b) Sıvıyı orta derecede yüksek ateşte karıştırarak kaynatın ve karışımı 5 dakika pişirin. İncirleri ekleyin ve incirler iyice ısınana kadar pişirin. Isınmak için soğumaya bırakın.
c) Gelato kepçelerini iki saplı bardağa koyun ve incirleri ve haşlama sıvısının bir kısmını üstüne koyun. İsterseniz nane ile süsleyin.

87. Pina colada beze dondurmalı kek

Yapar: 6 porsiyon

İÇİNDEKİLER:
- ½ su bardağı kurutulmuş ananas
- 20 gr bitter (%70) çikolata
- 100 gr hazır beze
- 1 ¼ su bardağı ağır krema
- 2-4 yemek kaşığı Malibu hindistancevizi romu
- Garnitür için taze nane veya kavrulmuş hindistancevizi

TALİMATLAR:
a) 13 x 23 cm'lik bir somun kalıbını streç filmle kaplayın. Kenarlardan sarkan birkaç cm plastik bıraktığınızdan emin olun.
b) Ananası hiçbir parçası kuru üzümden büyük olmayacak şekilde doğrayın. Aynısını çikolata ile yapın.
c) Bezeyi ufalanacak şekilde parçalayın. Bunu hızlı bir şekilde yapmaya çalışın çünkü beze havadaki nemi alır ve yapışkan hale gelir.
d) Büyük bir karıştırma kabında, ağır kremayı yumuşak zirvelere kadar çırpın. Malibu'yu ekleyin, ardından yumuşak zirveler geri gelene kadar birkaç saniye daha çırpın.
e) Ananas ve çikolatayı kaseye ekleyin ve yavaşça kremaya karıştırın. Beze ekleyin ve yavaşça tekrar katlayın. Her şeyi somun kalıbına dökün ve içindekilerin yerleşip dağılması için tezgaha birkaç yumuşak vuruş yapın. Sarkan plastiği pastanın üstüne katlayın, ardından tenekeyi başka bir plastik sargı tabakasına sarın. Pastayı gece boyunca dondurucuya koyun.
f) Servis yapmak için, keki kalıptan çıkarmak için sarkan plastiği kullanın. Dilimleyin ve üzerine nane dalları veya daha iyisi bir tutam kavrulmuş traşlanmış hindistancevizi serpiştirin. Yumuşak kremalı bir pasta, bu yüzden hemen yiyin.

88. Çilekli Beze Gelato Kek

Yapar: 8 porsiyon

İÇİNDEKİLER:
- İtalyan beze
- 4 taze yumurta akı
- 1 ½ su bardağı beyaz şeker
- ¼ bardak su
- 1 yemek kaşığı sıvı glikoz veya hafif mısır şurubu
- çilekler
- 3 bardak çilek, yıkanmış, kurutulmuş ve kabuğu çıkarılmış
- 1 yemek kaşığı pudra şekeri/şeker
- 1 yemek kaşığı beyaz şeker
- krem
- ¾ fincan çift / yoğun krema

TALİMATLAR:

a) İtalyan bezesini yapmak için orta boy bir tencereye şeker, su ve glikoz/mısır şurubu koyun. Yumurtaları bir stand mikserinin (titizlikle temizlenmiş) kasesine koyun.

b) Tencerenin altındaki ısıyı orta yüksekliğe ayarlayın, şeker karışımını kaynatın, eridikten sonra şekeri hareket ettirmek için tencereyi döndürün.

c) Kaynayan şurubun sıcaklığını kontrol etmek için bir şeker termometresi kullanın. Lütfen sıcak şekere dikkat! Sıcaklık 100C'ye ulaştığında, stand mikseri üzerinde yüksek hızda çırpmaya başlayın.

d) Şeker 116C'ye (veya 'yumuşak top' aşamasına) ulaştığında, şurubu ocaktan alın ve karıştırıcıyı orta yüksek hızda tutarak yavaşça kabarık yumurta aklarına dökün.

e) Tüm şurup döküldükten sonra hızı düşürün ve yumurta akları soğuyana kadar çırpmaya bırakın, bu otuz dakika kadar sürebilir.

f) Bu olurken, çileklerin yarısını ve şekerlemecinin şekerini alın ve bir mutfak robotunda pürüzsüz olana kadar karıştırın. Çekirdeklerini çıkarmak için süzgeçten geçirin ve buzdolabında saklayın.

g) Çileklerin diğer yarısını da alıp dilimleyin. En güzel dilimleri pastanızı süslemek için ayırın, kalanlara beyaz şekeri ekleyin ve yoğurmaya bırakın.

h) Kremayı büyük bir kaseye koyun ve yumuşak dondurma kıvamına gelene kadar çırpın (dondurma ürünlerini veya Birleşik Krallık'ta Bay Whippy'yi düşünün)

i) En az altı fincan alan bir somun kalıbı alın, başka bir kaba ihtiyacınız olabilir, çünkü bu karışım on fincana kadar çıkabilir... biraz suyla ıslatın, fazlalığı silkeleyin ve streç filmle kaplayın.

j) Ayırdığınız çilek dilimlerini yağlı kağıt serili kek kalıbınızın altına bir desen olacak şekilde yerleştirin.

k) Kremayı alın ve çilek püresi ve dilimlenmiş çileklerle birlikte beze kaşıklayın. Sadece dalgalanana kadar hepsini bir yemek kaşığı ile yavaşça katlayın.

l) Karışımı hazırlanan kalıba kaşıklayın, fazlalık başka bir astarlı kaba kaşıkla konulabilir. Ana pastanın üst kısmı, bir duvar ustasının bir tuğla duvardaki çimentoyu düzleştirmesi gibi, üzerinde sürüklenen bir spatula ile düzleştirilebiliyorsa. Fazla karışımı yakalamak için bunu diğer kabın üzerinde yapın.

m) Plastik ambalajla örtün ve donana kadar dondurun. Bu en az 7-8 saat sürecektir, ancak tamamen sertleşmesi için gece boyunca bırakılabilir.

n) Servis yapmadan 10 dakika önce buzluktan çıkarın, streç filmden çekin, servis tabağına çevirin, streç filmden çıkarın ve sıcak suya batırılmış ekmek bıçağıyla dilimler kesin.

89. Toblerone Gelato

İÇİNDEKİLER:

- 24 ons tam yağlı süt
- 2.7 ons esmer şeker
- 3 yemek kaşığı mısır nişastası
- 2 yemek kaşığı toz kakao
- 1 ½ yemek kaşığı bal
- ¾ çay kaşığı koşer tuzu
- 2 ons yumuşatılmış krem peynir
- Küçük parçalar halinde doğranmış üç adet 3,5 ons koyu Toblerone bar
- 1 yemek kaşığı vanilya
- 1 ½ çay kaşığı Amaretto
- 1 bar Toblerone, küçük parçalar halinde doğranmış

TALİMATLAR:

a) Kalın tabanlı bir tencerede süt, şeker, mısır nişastası, kakao tozu, bal ve tuzu birlikte çırpın. Karışım kaynayana kadar sürekli karıştırarak orta ila orta-yüksek ateşte ısıtın.

b) Tabanın 10-15 saniye kaynamasına izin verin ve ardından krem peynir ve 3 bar doğranmış Toblerone ile bir kaseye dökün. Vanilya ve amarettoyu ekleyin ve peynir ile çikolatayı eritmek için bir dakika bekletin.

c) Tabanı çikolata ve peynir eriyene kadar çırpın. Tabanın içinde minik badem parçaları olacak.

d) Tabanı blenderınıza dökün ve pürüzsüz olana kadar karıştırın.

e) Tabanı buzlu suyla dolu daha büyük bir kasenin içine yerleştirilmiş metal bir kaseye süzün.

f) Sıcaklık 40F'den fazla olmayana kadar ara sıra karıştırın.

g) Üssünüzü üreticinin TALİMATLARINA göre çalkalayın:. Dondurma yumuşak servis kıvamına gelince. ince kıyılmış çikolatanın son çubuğunu ekleyin ve şeker eşit şekilde dağılana kadar 2 dakika daha çalkalayın.

h) Bir kaba paketleyin. Plastik sargıyı doğrudan dondurmanın yüzeyine bastırın ve 4-6 saat veya gece boyunca dondurun.

90. Çikolatalı Nutella Gelato

Yapar: 3 porsiyon

İÇİNDEKİLER:
- ⅓ fincan ağır krema
- 1 ⅓ su bardağı %2 süt
- ½ su bardağı toz şeker
- 2 yemek kaşığı nutella
- 2-3 yemek kaşığı mini bitter çikolata parçaları

TALİMATLAR:

a) Orta ila büyük bir kapta krema, süt ve şekeri orta hızda 20 saniye çırpın, ardından gelato yapıcınıza dökün.

b) Gelato bitmek üzereyken Nutella ve çikolata parçacıklarını ekleyin, istediğiniz krema kıvamına gelene kadar dondurma makinesini çalıştırın.

91. kirazlı gelato

Yapar: 1

İÇİNDEKİLER:
- 2 su bardağı tam yağlı süt
- 5 yumurta sarısı
- 1 su bardağı şeker
- 1 su bardağı yoğun krema
- 1 çay kaşığı vanilya
- 2 çay kaşığı rendelenmiş portakal
- 1 pound çekirdeği çıkarılmış kiraz

TALİMATLAR:
a) Yumurta sarılarını ve şekeri orta boy bir sos tenceresinde şeker eriyene kadar çırpın. Sütü, rendelenmiş portakalı ve kremayı ekleyip karışana kadar çırpın.
b) Orta ateşte sürekli karıştırarak koyulaşana kadar 8-10 dakika pişirin.
c) Ateşten alın.
d) Kirazları ekleyin ve bir mutfak robotunda iyice karışana kadar işleyin. Harmanlanmış kirazları ve vanilyayı karıştırın. İnce bir süzgeçten geçirerek plastik bir kaseye dökün. Örtün ve gece boyunca soğutun.
e) Üreticinin talimatlarını izleyerek karışımı bir dondurma makinesinden geçirin.
f) Servis yapmaya hazır olana kadar dondurun.

92. böğürtlenli gelato

Yapar: 1

İÇİNDEKİLER:
- 2 su bardağı tam yağlı süt
- 4 yumurta sarısı
- 1 su bardağı şeker
- ½ fincan ağır krema
- ½ çay kaşığı tuz
- 2 su bardağı böğürtlen

TALİMATLAR:
a) Böğürtlenleri bir karıştırma kabının üzerine yerleştirilmiş ince gözenekli bir elekten geçirin. Herhangi bir tohum kullanmadan suyu ve posayı çıkarmak için posayı elek boyunca itmek için bir kaşığın arkasını kullanın. Kenara koyun.

b) Orta boy bir tencerede yumurta sarılarını ve şekeri çırpın ve şeker eriyene kadar ısıtın. Süt, tuz ve kremayı ekleyip karışana kadar çırpın.

c) Orta ateşte sürekli karıştırarak koyulaşana kadar 8-10 dakika pişirin.

d) Ateşten alın.

e) Böğürtlen suyunu ve posasını karıştırın. İnce bir süzgeçten geçirerek plastik bir kaseye dökün. Örtün ve gece boyunca soğutun.

f) Üreticinin talimatlarını izleyerek karışımı bir dondurma makinesinden geçirin.

g) Servis yapmaya hazır olana kadar dondurun.

93. Ahududu Dondurması

Yapar: 1

İÇİNDEKİLER:
- 2 su bardağı tam yağlı süt
- 4 yumurta sarısı
- 1 ¼ su bardağı şeker
- 1 su bardağı yoğun krema
- 1 çay kaşığı tuz
- 2 bardak ahududu

TALİMATLAR:
a) Ahududuları bir karıştırma kabının üzerine yerleştirilmiş bir elekten (tercihen ağ) geçirin. Daha sonra, bir kaşığın arkasını alıp aşağı doğru bastırarak suyunu çıkarmak için bir süzgeçten geçirin. Bu, tohumların hiçbirini kullanmadan posayı bırakacaktır. Kenara koyun.

b) Orta boy bir tencerede sadece yumurta sarılarını ve şekeri çırparak karıştırın ve şekeri iyice eriyene kadar ısıtın. Süt, tuz ve kremayı ekleyip karışana kadar çırpın.

c) Orta ateşte sürekli karıştırarak koyulaşana kadar 8-10 dakika pişirin.

d) Ateşten alın.

e) Ahududu suyunu ve posasını karıştırın. İnce bir süzgeçten geçirerek plastik bir kaseye dökün. Örtün ve gece boyunca soğutun.

f) Üreticinin talimatlarını izleyerek karışımı bir dondurma makinesinden geçirin.

g) Servis yapmaya hazır olana kadar dondurun.

94. yaban mersinli gelato

Yapar: 1

İÇİNDEKİLER:
- 2 su bardağı tam yağlı süt
- 5 yumurta sarısı
- 1 su bardağı şeker
- ½ fincan ağır krema
- 1 çay kaşığı tuz
- 2 bardak yaban mersini
- 1 ½ çay kaşığı limon suyu

TALİMATLAR:

a) Orta boy bir tencerede yumurta sarılarını ve şekeri çırpın ve şeker eriyene kadar ısıtın. Süt, tuz ve kremayı ekleyip karışana kadar çırpın.

b) Orta ateşte sürekli karıştırarak koyulaşana kadar 8-10 dakika pişirin.

c) Ateşten alın.

d) Yaban mersini ve limon suyunu mutfak robotuna koyun ve karışana kadar işleyin. Yaban mersini limon karışımını sıvıya karıştırın. İnce bir süzgeçten geçirerek plastik bir kaseye dökün. Örtün ve gece boyunca soğutun.

e) Üreticinin talimatlarını izleyerek karışımı bir dondurma makinesinden geçirin.

f) Servis yapmaya hazır olana kadar dondurun.

95. mangolu dondurma

Yapar: 1

İÇİNDEKİLER:
- 2 su bardağı tam yağlı süt
- 4 yumurta sarısı
- 1 su bardağı şeker
- 1 su bardağı yoğun krema
- 1 çay kaşığı tuz
- 2 su bardağı mango püresi
- 1 ½ yemek kaşığı mısır nişastası

TALİMATLAR:
a) Orta boy bir tencerede yumurta sarılarını ve şekeri çırpın ve şeker eriyene kadar ısıtın. Süt, tuz ve kremayı ekleyip karışana kadar çırpın.

b) Orta ateşte sürekli karıştırarak koyulaşana kadar 8-10 dakika pişirin.

c) Ateşten alın.

d) Mangoları ve mısır nişastasını mutfak robotuna koyun ve karışana kadar işleyin. Mango karışımını sıvıya karıştırın. İnce bir süzgeçten geçirerek plastik bir kaseye dökün. Örtün ve gece boyunca soğutun.

e) Üreticinin talimatlarını izleyerek karışımı bir dondurma makinesinden geçirin.

f) Servis yapmaya hazır olana kadar dondurun.

96. Fıstık Ezmeli Gelato

Yapar: 1

İÇİNDEKİLER:
- 2 su bardağı tam yağlı süt
- 5 yumurta sarısı
- ⅔ su bardağı şeker
- 1 ½ bardak ağır krema
- 1 çay kaşığı tuz
- 1 çay kaşığı vanilya
- ⅔ bardak fıstık ezmesi

:
TALİMATLAR:
a) Orta boy bir tencerede yumurta sarılarını ve şekeri çırpın ve şeker eriyene kadar ısıtın. Süt, tuz ve kremayı ekleyip karışana kadar çırpın.

b) Orta ateşte sürekli karıştırarak koyulaşana kadar 8-10 dakika pişirin.

c) Ateşten alın.

d) Fıstık ezmesi ve vanilyayı sıvıya karıştırın. İnce bir süzgeçten geçirerek plastik bir kaseye dökün. Örtün ve gece boyunca soğutun.

e) Üreticinin TALİMATLARINA uyarak karışımı bir dondurma makinesinden geçirin:.

f) Servis yapmaya hazır olana kadar dondurun.

97. Fındıklı Gelato

Yapar: 1

İÇİNDEKİLER:
- 2 su bardağı tam yağlı süt
- 5 yumurta sarısı
- ⅓ su bardağı şeker
- 1 ½ bardak ağır krema
- 1 çay kaşığı tuz
- 1 çay kaşığı vanilya
- 1 su bardağı kavrulmuş fındık

TALİMATLAR:
a) Orta boy bir tencerede yumurta sarılarını ve şekeri çırpın ve şeker eriyene kadar ısıtın. Süt, tuz ve kremayı ekleyip karışana kadar çırpın.

b) Orta ateşte sürekli karıştırarak koyulaşana kadar 8-10 dakika pişirin.

c) Ateşten alın.

d) Kavrulmuş fındıkları bir mutfak robotuna koyun ve nabız atın. Fındık ve vanilyayı sıvıya karıştırın. İnce bir süzgeçten geçirerek plastik bir kaseye dökün. Örtün ve gece boyunca soğutun.

e) Üreticinin talimatlarını izleyerek karışımı bir dondurma makinesinden geçirin.

f) Servis yapmaya hazır olana kadar dondurun.

98. Karışık Berry Gelato

Yapar: 1

İÇİNDEKİLER:
- 2 su bardağı tam yağlı süt
- 4 yumurta sarısı
- ½ su bardağı şeker
- 1 su bardağı yoğun krema
- 1 çay kaşığı tuz
- 1 çay kaşığı vanilya
- ½ su bardağı yaban mersini
- ½ su bardağı ahududu

TALİMATLAR:
a) Ahududuları bir karıştırma kabının üzerine yerleştirilmiş bir elekten (tercihen ağ) geçirin. Herhangi bir tohum kullanmadan suyu ve posayı çıkarmak için posayı elek boyunca itmek için bir kaşığın arkasını kullanın. Kenara koyun.
b) 2 Yumurta sarılarını ve şekeri orta boy bir sos tenceresinde çırpın ve şeker eriyene kadar ısıtın. Süt, tuz ve kremayı ekleyip karışana kadar çırpın.
c) Orta ateşte sürekli karıştırarak koyulaşana kadar 8-10 dakika pişirin.
d) Ateşten alın.
e) Vanilya, yaban mersini ve ahududu suyunu ve posasını bir mutfak robotuna koyun ve birleşene kadar nabız atın. Berry ve vanilya karışımını sıvıya karıştırın. İnce bir süzgeçten geçirerek plastik bir kaseye dökün. Örtün ve gece boyunca soğutun.
f) Üreticinin TALİMATLARINA uyarak karışımı bir dondurma makinesinden geçirin:.
g) Servis yapmaya hazır olana kadar dondurun.

99. hindistan cevizli gelato

Yapar: 1

İÇİNDEKİLER:
- 5 yumurta sarısı
- 2 bardak hindistan cevizi sütü
- 1 su bardağı şeker
- 1 su bardağı yoğun krema
- 1 çay kaşığı tuz
- 1 çay kaşığı vanilya
- bir taze hindistan cevizinden hindistan cevizi suyu
- ½ su bardağı rendelenmiş tatlandırılmış hindistan cevizi

TALİMATLAR:
a) Yumurta sarısını, taze hindistancevizi suyunu ve şekeri orta boy bir tencerede çırpın ve şeker eriyene kadar ısıtın. Hindistan cevizi sütü, tuz ve kremayı ekleyin ve birleştirilene kadar çırpın.
b) Orta ateşte sürekli karıştırarak koyulaşana kadar 8-10 dakika pişirin.
c) Ateşten alın.
d) Hindistan cevizi pullarını ve vanilya karışımını sıvıya karıştırın. İnce bir süzgeçten geçirerek plastik bir kaseye dökün. Örtün ve gece boyunca soğutun.
e) Üreticinin talimatlarını izleyerek karışımı bir dondurma makinesinden geçirin.
f) Servis yapmaya hazır olana kadar dondurun.

100. Kabak Gelato

Yapar: 1

İÇİNDEKİLER:
- 2 su bardağı tam yağlı süt
- 4 yumurta sarısı
- 1 su bardağı şeker
- 1 su bardağı yoğun krema
- 1 çay kaşığı tuz
- 1 çay kaşığı vanilya
- 1 su bardağı kabak püresi
- 1 çay kaşığı tarçın
- ¼ su bardağı esmer şeker

TALİMATLAR:
a) Orta boy bir tencerede yumurta sarılarını ve şekeri çırpın ve şeker eriyene kadar ısıtın. Süt, tuz ve kremayı ekleyip karışana kadar çırpın.
b) Orta ateşte sürekli karıştırarak koyulaşana kadar 8-10 dakika pişirin.
c) Ateşten alın.
d) Kahverengi şeker, tarçın, kabak püresi ve vanilyayı birlikte çırpın, ardından sıvıya karıştırın. İnce bir süzgeçten geçirerek plastik bir kaseye dökün. Örtün ve gece boyunca soğutun.
e) Üreticinin talimatlarını izleyerek karışımı bir dondurma makinesinden geçirin.
f) Servis yapmaya hazır olana kadar dondurun.

ÇÖZÜM

İtalyan tatlılarını hepimiz severiz. Belki de bu, şekere düzenli olarak erişememe ve tariflerinde Amerikan aşçılarından çok daha az şeker kullanma konusundaki erken tarihlerinden kaynaklanmaktadır. İtalyan tatlılarını bu kadar lezzetli yapan krema ve peynir gibi tüm taze malzemelerdir.

Ingram Content Group UK Ltd.
Milton Keynes UK
UKHW021148220623
423869UK00009B/71